KANADA

Es sind die unendlichen Räume, die so reizen.
Allen, die wir hier leben, bietet das weite,
unbekannte Land des Nordens, das sich bis hin zum
polaren Eismeer erstreckt, einen eigenen, geistigen
Hintergrund. Der Gedanke, dass ich nach wenigen
Stunden Fahrt mit dem Zug oder dem Auto die
urzeitliche Wildnis des Nordens betreten kann,
dass mich ein Flugzeug in ein, zwei Stunden
hinüber zu den zerklüfteten und düsteren Gestaden
der James Bay bringen könnte, macht mir Spaß.

Stephen Leacock, I'll Stay in Canada

KANADA

Fotografie
Christian Heeb

Text
Klaus Viedebantt

Berge, Bären und zwei Ozeane

BRUCKMANN

Inhalt

Seite 12/13: Schlittenhunde im Schnee auf Baffin Island. Seite 14/15: Die English Bay in Vancouver ist nur einer der Yachthäfen in der Metropole. Seite 16/17: Die Alexandra Falls im Twin Falls Gorge Territorial Park, Northwest Territories. Seite 18/19: Moschusochsen (Ovibos moschatus) in den Barrenlands der Northwest Territories.

Land der Eisbären und des Ahornsirups

Geisterweiß: Ein »Spirit Bear« in Haida Gwaii (oben).
Nationalrad: Flower Power für ein mobiles Kanada (unten).
Rocky Road, asphaltiert: Truck auf dem Trans Canada
Highway im Glacier National Park, BC (rechte Seite).

Woran erkennt man einen Kanadier? An einer Miniversion der Landesflagge mit dem roten Ahornblatt als Anstecker am Revers oder als Aufnäher am Anorak? Könnte schon sein. Am Eishockeyschläger? Nur im Winter. Am dezenten Duft von Maple Syrup? Eher unwahrscheinlich. Vielleicht am Tatzenkratzer von der letzten Bärenbegegnung? Noch unwahrscheinlicher. Aber fast immer an der Sprache. Kanadier, so spotten nicht nur die US-Amerikaner, beenden fast jeden Satz mit einem angehängten »eh«.

Typisch kanadisch, eh? Fast so wie das ebenso nachgehängte »odrr?« der Schweizer, sozusagen als rhetorisches Fragezeichen? Wenn es nur so einfach wäre. Aber in Kanada hat sich längst die Wissenschaft dieser freundlichen Sprachmarotte bemächtigt und unter anderem eine Liste mit zehn verschiedenen Bedeutungen von »eh« erarbeitet. Irgendwo ist uns auch einmal eine »Analyse« untergekommen, nach der es sogar ein Ausdruck des Minderwertigkeitsgefühls gegenüber den US-amerikanischen Nachbarn sei. Das ist Unsinn, auch wenn an dem merkwürdigen Verhältnis zu den USA durchaus etwas dran ist.

Das »Underdog«-Gefühl gegenüber den USA ist vorhanden, aber unberechtigt. Kanada ist nach Russland das zweigrößte Land der Erde. Also größer als Uncle Sams auch nicht gerade kleines Reich. Jeder Amerikaner schmettert aus voller Kehle und Seele: »America the Beautiful.« Die inoffizielle Nationalhymne soll unter anderem von der schönen Aussicht auf dem Pikes Peak in den amerikanischen Rocky Mountains inspiriert worden sein. Aber sind die Canadian Rockies nicht ebenso schön? Ja, sogar rockiger, wie Geologen bestätigen. Wer hat das größte Rodeo der Welt? Calgary! Wer hat die weißesten Bären der Welt? Kanada! Und loben amerikanische Touristen in Toronto nicht immer, die Stadt sei viel sauberer als die US-Metropolen?

Letzteres stimmt und gilt nicht nur für Toronto. Generell hört man aber von europäischen Touristen öfter, Kanada sei das »bessere Ame-

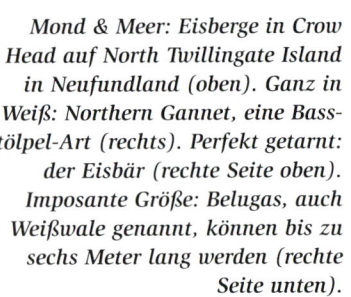

Mond & Meer: Eisberge in Crow Head auf North Twillingate Island in Neufundland (oben). Ganz in Weiß: Northern Gannet, eine Basstölpel-Art (rechts). Perfekt getarnt: der Eisbär (rechte Seite oben). Imposante Größe: Belugas, auch Weißwale genannt, können bis zu sechs Meter lang werden (rechte Seite unten).

rika«, sei entspannter, wirke weniger aggressiv, sei auch sicherer. Subjektives Empfinden lässt sich schwer nachprüfen, aber hinsichtlich der gefühlten Sicherheit kann die Kriminalstatistik helfen. Daten der UN, der CIA und europäischer Forscher, meist von 2011, belegen: Die Verbrechensrate pro Kopf ist in den USA fünfmal so hoch wie in Kanada. Mord, und vor allem Mord mit Feuerwaffen, ist südlich des 49. Breitengrads, in den USA, deutlich häufiger als in Kanada. Dasselbe gilt für Überfälle, Einbrüche und Autodiebstähle. Nur bei Drogendelikten und Vergewaltigungen rangiert Kanada deutlich vor dem Vetter im Süden.

Dessen Ruf in Sachen Umwelt- und Naturschutz ist bekanntlich nicht der beste, aber Kanada macht auf diesem Feld trotz seiner vielen Bergbau-Aktivitäten eine recht gute Figur: Ottawa sowie die Regierun-

gen in Provinzen und Territorien haben insgesamt über 100 Millionen Hektar Land – das sind fast zehn Prozent der gesamten Fläche – auf die eine oder andere Art unter staatlichen Schutz gestellt. Geschützt sind ferner drei Millionen Hektar Ozean. Zum Netzwerk dieser Schutzbezirke gehören beispielsweise 54 National Wildlife Areas, in denen der Erhalt von Kanadas vielfältiger Tierwelt im Mittelpunkt steht. An den Routen der Zugvögel gibt es 92 Schutzreviere für deren Rast oder ungestörte Brutzeit, in den *Northwest Territories* sind weitere sechs Zugvogelquartiere geplant.

Besondere Aufmerksamkeit widmen kanadische Behörden und mehrere Organisationen dem inoffiziellen Wappentier des Landes, dem Eisbären. Die *polar bears* werden regelmäßig gezählt. In der gesamten

Arktis leben schätzungsweise 20 000 bis 25 000 Eisbären, davon rund 16 000 in Kanadas hohem Norden. Sie stehen unter strengem Naturschutz, aber es werden jährlich Quoten für die Jagd auf die »weißen Riesen« festgelegt. Die Abschussgenehmigungen gehen an die Inuit-Siedlungen in den *Northwest Territories* und in Nunavut. Deren Jäger dürfen einen Teil der Genehmigungen an Sportjäger weiterverkaufen, was für einen erheblichen Teil des Einkommens einer Familie sorgen kann. Eisbärenfelle werden je nach Größe und Qualität für 500 bis 3000 kanadische Dollar gehandelt, für die Jagdbegleitung und einen Abschuss müssen die Jäger meist 18 000 bis 20 000 Dollar bezahlen. Die kanadische Regierung schätzt den Gesamtumsatz aus der Jagd und dem Fellhandel auf jährlich etwa eine Million Dollar.

High Tea, Doughnuts und Chop Suey

Das kanadische Parlamentsgebäude in Ottawa liegt am Südufer des gleichnamigen Flusses. Im Vordergrund die runde Bibliothek (oben). Bon appétit im eleganten Quartier du Musée. In dem kleinen Viertel rings um das Musée des beaux-arts de Montréal gibt es viele Galerien, Bistros und teure Modeboutiquen (unten).

Die Wildnis und die Nationalparks sind gewiss eine Trumpfkarte beim Werben um internationale Touristen. Aber gerade *repeater*, Besucher, die mehr als einmal nach Kanada kommen, schätzen auch die generell angenehme und kultivierte Atmosphäre des Landes mit dem immer noch britischen *understatement*. Gewiss, der Lebensstil hat sich gewandelt mit den Einwanderern aus aller Welt. Aber das hat sich recht spannungsfrei zu einer kulturellen Vielfalt im Alltag entwickelt. Gerade kanadische Kommentatoren beklagen gerne, ihre Nation sei immer noch auf der Suche nach einer eigenen Identität. Aber für die Mehrheit der Kanadier, mögen sie einen britischen, französischen oder chinesischen Namen tragen, ist das Thema längst abgehakt. Die Kanadier sind selbstbewusst geworden. Und das nicht mehr nur, wenn sie gefragt werden, was sie von den Bürgern anderer Länder unterscheidet, und sie antworten: »Kanadier sind die einzigen Menschen auf der Welt, die sich in einem Kanu lieben können.«

Und auf die Frage, was ihre Heimat von anderen Ländern der Erde unterscheidet, verweisen die Kanadier gerne auf ihr Wetter. Der Komiker Stephen Leacock komprimierte es einst auf drei Jahreszeiten: »Die Vorbereitung auf den Winter, das Durchstehen des Winters und die Erholung vom Winter.« Sprüche wie diese sind Zeugnisse der kanadischen Neigung zu Selbstironie und Untertreibung, neben der toleranten Grundeinstellung die vielleicht sympathischsten Erbstücke aus der britischen Herkunft der (noch) meisten Kanadier. Viele Lebensbereiche sind bis in die Gegenwart britisch geprägt, neben dem parlamentarischen System beispielsweise das Schulwesen und die Rechtsprechung. Wenn Kanada dennoch nicht so »englisch« wirkt wie vergleichbare ehemalige Kolonien, etwa Neuseeland und bis vor einigen Jahren auch noch Australien, dann liegt das daran, dass Kanadas Entwicklung nicht so isoliert verlief wie in den Staaten in der Südsee. Dafür sorgte schon der spezifische Einfluss der französischsprachigen Bevölkerung, später auch des *American way of life* und schließlich der asiatischen Kulturen.

Das wird an den Speisegewohnheiten offenkundig. Die ersten Kanadier waren zwar hauptsächlich auf die heimischen Pflanzen und Nahrungsmittel angewiesen, versuchten aber, sie nach europäischer Art zu nutzen. Vieles ließ sich leicht übertragen, *fish and chips* beispielsweise, nachdem die ersten Kartoffeln geerntet waren. Auch die einstige britische Unsitte, Gemüse bis zur Unkenntlichkeit zu zerko-

»Living history«: Lacrosse-Spieler in Kostümen im Fort George bei Niagara on the Lake. Lacrosse ist ein urkanadischer hockeyartiger Sport (links oben). Die Statue von John Cabot beim Bonavista-Leucht-turm in Neufundland (rechts oben). Nach britischem Vorbild: Rotrock-»Soldat« in Fort Henry, Kingston (Mitte). In der Festung Louisbourg, Nova Scotia: Dame gehobenen Standes und Grenadier in bleu (beide unten).

Blick vom Signal Hill auf den Hafen von St. John's, Neufundland (oben). Fähre über den Kootenay Lake in Crawford Bay, BC (rechts).

Seite 28/29:
Esker nennen Geologen solche von den Eiszeit-Gletschern geschaffenen Erddämme wie hier in den Barrenlands, NWT.

chen, hielt Einzug in der Kolonie British America. Später, als es regelmäßige Dampfer-Verbindungen zum Mutterland gab, kehrte mit der »besseren Gesellschaft« auch englische Esskultur ein in der Kolonie: Tee und Biscuits, Portwein und Whisky, *High Tea* (mit kleinen Sandwiches und Gebäck) oder dessen schlichtere Version, der *Cream Tea* (nur mit frischgebackenen Scones, Erdbeermarmelade und fast butterartiger Schlagsahne) am Nachmittag – Rituale, die zum Beispiel in Victoria, der Hauptstadt von British Columbia, lange gepflegt wurden. Aber selbst in dieser Stadt, die sich ihrer Patronin, der Queen, so verpflichtet fühlt, haben die allamerikanischen Hamburger-Buden die Fish'n'Chips-Stationen abgelöst und Cookies oder Doughnuts die britischen Shortbreads verdrängt. Daneben hat sich längst eine fernöstliche Küche etabliert. Schon die ersten chinesischen Goldsucher brachten Speisen wie

Chop Suey oder Chow mein (gebackene Nudeln) ins Land, sie sind heute in ganz Kanada Standardgerichte. Wie sich das »Mosaik der Völker« auf Kanadas bunte Speisekarte auswirkt, zeigt insbesondere das *Chinese Western Smorgasbord* mit asiatischen, amerikanischen und europäischen Gerichten, wobei man trotz des skandinavischen *Smorgasbord* keine typisch skandinavische Küche erwarten darf. Das Wort bedeutet in Kanada meist nur Buffet mit Selbstbedienung.

Eine eigenständige kanadische Küche hat sich dabei bestenfalls ansatzweise entwickelt. Nur ein typisch kanadisches Nahrungsmittel hat es zu internationaler Bekanntheit gebracht: der *Maple Syrup*. Der süße Saft des Zuckerahorns wird in den östlichen Provinzen, insbesondere in Québec, sowie in den nördlichen Neuenglandstaaten der USA gewonnen. Nur in diesem Teil Nordamerikas herrscht im späten Winter

Fortsetzung Seite 33

Von Bibern, Bären und saftigen Bäumen

Flora und Fauna

1

2

3

Der Biber, das Wappentier Kanadas (1). Der Weißkopfadler, das Wappentier der amerikanischen Nachbarn (2). Kennzeichen Buckel: eine Grizzly-Mutter mit Sprössling (3). Kanadas größtes Landtier: ein Moose, ein Verwandter des Elchs (4). Neugieriger Orca in der Inside Passage (5). Blühendes Kanada (6 und 7).

4

5

Kanada – das Land der Adler und Bären, der Moose und Moschusochsen, der Wölfe und der Wapiti-Hirsche mit ihren großen Geweihen, den Karibus, die nordamerikanischen Rentiere, und schließlich der Luchse (Canadian Lynx), den – nach den Cougars (Pumas) – zweitgrößten Raubkatzen des Landes. Allesamt sind dies stattliche Vertreter der heimischen Fauna, doch das Land hat sich, als es 1975 schließlich galt, ein Tier zum Nationalsymbol auszurufen, für den bescheidenen Biber entschieden. 2002 wurde auch das – zumindest außerhalb seiner Heimat kaum bekannte – »Kanadische Pferd« zum Nationaltier erklärt. Das Canadian Horse, seit dem 17. Jahrhundert aus zahlreichen Kreuz- und Querzüchtungen entstanden, gilt wegen der re-

lativ wenigen Exemplare als gefährdete Spezies. Diesen Status hat der Biber bereits erfolgreich hinter sich gebracht: Weil zwischen dem 17. und 19. Jahrhundert Hüte aus Biberfilz in Europa sehr gefragt waren, wurden Tausende von Biberpelzen exportiert, ein für die britische Kolonie in Nordamerika und vor allem für das heutige Kanada enorm wichtiges Geschäft. Erst als sich diese Hutmode in

Europa änderte, besann sich Kanada auf den Schutz des Tieres. Heute wird die Biberpopulation in Nordamerika wieder auf zehn bis 15 Millionen Tiere geschätzt; in Kanada trifft man sie an fast allen sauberen Fließgewässern südlich der Baumgrenze.

Touristen, die es in Kanadas Natur zieht, sind jedoch eher auf die Bären erpicht. Schwarzbären mindestens, besser noch Grizzlies –

und in Richtung Nordpol dann natürlich auch Eisbären. Der Wunsch, Schwarzbären zu sehen, geht meist in Erfüllung, Grizzlies sind hingegen eher scheue Gesellen. Auch Moose, die mächtigen nordamerikanischen Elche, stehen hoch im Kurs. Und an der Küste möchte man Wale sehen, am besten Orcas, die schwarz-weißen Killerwale. Und die »Big Birds« am Himmel? Die Weißkopf-Seeadler (Bald Eagles) sind zwar mit bis zu 2,50 Metern Flügelspannweite die Herrscher der Lüfte, aber diese Spezies haben sich die US-ameri-kanischen Cousins schon als Wappentier gesichert. Deutlich größer noch ist der Kanadische Schreikranich (Whooping Crane). Der bis zu 1,50 Meter hohe Vogel ist der größte Nordamerikas und vom Aussterben bedroht. Das gilt gewiss nicht für die in Millionen zählende Kanadische Gans (Canada Goose) und die artenreichen Loons (Seetaucher), deren weithin hörbarer Ruf den meisten Kana-diern wohl ebenso vertraut ist wie das Abbild dieses Vogels auf den 1-Dollar-Münzen.

Die Flora des Landes ist mit etwa 4100 Arten noch vielfältiger als seine Fauna; charakteristisch sind die riesigen Wälder, von den Regen-wäldern am Pazifik über die sub-arktischen Nadelgehölze im hohen Norden bis zu den großen Misch-wäldern im Süden, deren be-kanntester Baum der Maple Tree (Ahorn) ist. Ein Ahornblatt ziert die Landesflagge, und der Zucker-ahorn liefert den berühmten Si-rup. Von größerer wirtschaftlicher (weil touristischer) Bedeutung ist die Rot- und Orangefärbung der Ahornblätter im Herbst. Mit eini-gen anderen Arten entstehen so die legendären »flammenden Wäl-der« des Indian Summer, die eine neue Touristensaison schufen.

ein Klima, das nachts klirrende Kälte, tagsüber aber strahlenden, warmen Sonnenschein über weißem Schnee garantiert. Diese Witterung lässt die Säfte einiger Ahornarten besonders kräftig fließen, sie werden durch Bohrlöcher im Stamm und Einschnitte in die Baumrinde abgezapft. Der Saft tropft in kleine, am Baum befestigte Becher oder läuft durch Plastikschläuche von mehreren Bäumen in einen Sammelkanister. Eine aufwändige Arbeit, zumal die Zubereitung des Naturstoffs erst danach beginnt. Dementsprechend teuer ist der Sirup. Meist bekommt man, wenn man zum kanadischen Frühstück die klassischen Pfannkuchen mit Sirup bestellt, den preiswerteren Sirup aus Mais.

Die Provinz Québec allein stellt etwa drei Viertel der weltweiten Maple-Syrup-Produktion her. Bereits vor dem Eintreffen der Europäer gewannen Indianer diesen Saft. Manche Stämme haben während der Sirupernte gefeiert und spezielle Tänze aufgeführt. Heute sind Partys und Familienfeste bei den *sugar houses* beliebt, in denen der Baumsaft gekocht und dadurch konzentriert wird. Kinder lieben es, etwas Sirup aus der Siedepfanne zu löffeln und ihre kleine Beute in den lockeren Schnee zu schleudern. Dort wird der Baumzucker sofort fest und lässt sich wie ein Lolli lutschen. Die Kernzeit des *sugaring* ist meist in den ersten beiden Aprilwochen, manchmal aber auch schon Ende März. In einigen *sugar houses* können auch Touristen mitfeiern, Genaueres teilen die lokalen Touristik-Infobüros mit.

Maple Syrup ist heute zwar in ganz Kanada verbreitet, war aber ursprünglich ein Produkt der regionalen Küche. In den Regionen lassen sich auch viele kulinarische Spezialitäten finden, die oft auf größere Einwanderergruppen zurückgehen. Etwa die *Pirozhki* der Ukrainer in Manitoba oder der *Schmier Kase*, ein Buttermilchkäse der deutschstämmigen Mennoniten in Ontario. Dass auch die Québécois, dem käseverwöhnten Frankreich entstammend, mehrere Käsespezialitäten ihr Eigen nennen, ist nicht verwunderlich. Der bekannteste ist der in ganz Ostkanada geschätzte Okakäse, eine Schöpfung der Trappistenmönche im Dorf Oka bei Montréal. Noch berühmter ist die Provinz Québec allerdings für seine *Tourtiere*, eine in Blätterteig gebackene Schweinefleischzubereitung, das traditionelle Gericht zur Weihnachtsnacht.

Erstaunlicherweise hat Quebéc trotz seiner langen Küste keine typischen Fischgerichte entwickelt. Die vier anderen Provinzen am Atlantik waren da kreativer. New Brunswick etwa ist bekannt für seinen *Clam Chowder*, eine dicke Muschelsuppe, die es aber auch an der Atlantikküste der USA gibt. Jenseits des Nordostens weniger bekannt ist hingegen *New Brunswick Dulse*, eine Meeresalge, die auch in den anderen Atlantikprovinzen geschätzt wird. Das gilt gleichermaßen für die *Oyster Bisque*, eine Suppe mit Austern aus der Malpeque Bay vor Prince Edward Island. Den Mennoniten von Nova Scotia verdankt die Region ihren *Solomon Grundy*, einen süß-sauer eingelegten Hering, während Newfoundlands Spezialität der *Flipper Pie* ist: Das Fleisch der Flossen junger Harp-Seehunde wird mit Blätterteig überbacken, ein Gericht, das nur im April und Mai frisch serviert wird. In diese Zeit fällt auch die jährliche *seal hunt*, zu der die Regierung jedes Jahr Quoten festlegt. Die Jagd auf Seehundbabys, die noch ihr erstes weißes Fell tragen, oder auf Jungtiere ist seit einigen Jahren in Kanada verboten.

Im alten Rathaus von Toronto residiert heute ein Gerichtshof (linke Seite), zuvor diente der St. Lawrence Market als City Hall (oben). »Sugaring« nennen es die Kanadier, wenn zum Winterende der süße Ahornsaft eingekocht wird (unten links) – ein Fest für die Kinder, die den Saft in frischen Schnee werfen und so die »besten Lollys der Welt« machen (unten rechts).

Eine Nation geht aufs Eis

In einer kanadischen Amtsstube. Der Beamte, über ein Formular gebeugt, fragt den Bürger: »Religion?« Spontane Antwort: »Hockey.« Zugegeben, das ist eine Szene aus einem Kabarett in Toronto. Aber 33 Millionen Kanadier würden wohl schmunzelnd zustimmen: Hockey – gemeint ist hier immer Eishockey – ist mehr als Nationalsport. Es ist Teil der kanadischen DNA. Rund 550 000 Männer, Frauen und Kinder sind in Vereinen organisiert, hinzu kommen unzählige Teams in Firmen, Schulen und sogar Kindergärten. Rund 2500 Eishallen und 11 000 Freiluft-*Rinks* sind übers Land verteilt, aber im Winter stehen auf fast jedem vereisten Tümpel kleine Tore, in die die Freizeit-Cracks aus der Nachbarschaft die Pucks hineinzirkeln. Und spätestens bei den Finals der Profi-Teams um den kanadisch-amerikanischen Stanley Cup sitzt die halbe Nation vorm Fernseher. Die Nationalmannschaft Team Canada spielt da eher die zweite Geige, pardon, den zweiten Sturm.

Der Drang in die Natur

Die Jagd ist zwar generell eine beliebte Freizeitaktivität, aber weitaus mehr Kanadier zieht es ohne Waffen hinaus in die Natur. Die meisten sind mit Kanus unterwegs oder wandern – »Outdoor« ist ein Megathema für die meisten der 35 Millionen Kanadier. Jede etwas größere Stadt hat mindestens einen Outdoor-Shop mit Fachberatern für Zelte, Schlafsäcke, Kompasse und Spezialkleidung. Die Buchhandlungen sind gut bestückt mit entsprechender Literatur, von Wanderführern bis zu Gourmet-Kochbüchern fürs Lagerfeuer. Schon in den Schulen lernen die Kinder, wie sie sich sicher im Busch verhalten, viele Vereine und Naturschutzorganisationen bieten »Survival-Training« mit Überlebensregeln, falls man sich in der Wildnis verirrt. Regel Nummer eins: Keine Panik! Die größte Gefahr geht im Busch nämlich nicht von wilden Tieren, sondern vom eigenen Fehlverhalten aus. Immer wieder verirren

sich Touristen und Einheimische, in der Wildnis und reagieren kopflos. Suchtrupps auf den Spuren der Herumirrenden mussten schon des Öfteren feststellen, dass sie mehrfach einen gut erkennbaren Weg überquert hatten, den sie nur hätten entlanggehen müssen.

»Kratze an einem Kanadier, und du findest einen verkappten Pionier«, lautet ein Sprichwort, das erklärt, warum die Kanadier wie kaum eine andere Nation einen unbezwingbaren Drang in die Natur verspüren. Das mag historisch begründet sein: Während die Amerikaner als Siedler in die Wildnis vordrangen, um sie zu Farm- und Weideland zu machen, eroberten die Kanadier ihre Natur, um deren Schätze, ihre Pelztiere, zu erjagen. Was für die amerikanische Volksmythologie die Trecks der Siedler gen Westen und die Cowboys auf den der Natur abgetrotzten Ranches waren, das sind für die kanadische Folklore die *adventurer* und *voyageurs*, die als Individuen in die endlosen Wälder vordrangen und dieses große schöne Land erkundeten.

Wo immer Wasser gefriert, geht Kanada aufs Eis: Hockey in Winnipeg (linke Seite oben). Morgennebel über dem Peter Lougheed Provinical Park in Albertas Rocky Mountains (oben). Lagerfeuer am Muncho Lake in British Columbia (links).

Seite 36/37:
Kanufahren wie hier auf dem Clearwater Lake in der Chilcotin-Region ist eine der Nationalsportarten der Kanadier.

Ein Nationalgericht namens »Sauerei«

Kanada kulinarisch

1

2

3

Cheers: Weinprobe bei Southbrook Vineyards in Niagara-on-the-Lake, Ontario (1 und 2). Käse aus St. Jacobs, Ontario. Der Farmers Market des Dorfes ist eine Touristenattraktion (3). Direkt vom Acker auf den Markt von Kingston, Ontario (4). Frommes Schaffen: Gemüse von den Mennoniten (5). Toronto süß-sauer: In Chinatown speist die halbe Stadt (6). Das Cafe der Tiff Bell Lightbox, dem Filmfestival-Zentrum, ist ein beliebter Treffpunkt in Toronto (7).

Seite 40/41:
Die Farbe der Liebe für Amerikas Honeymoon-Hauptstadt: Die Horseshoe-Fälle auf der kanadischen Niagara-Seite mit der Stadt Niagara Falls.

Was ist kulinarisch von einem Land zu halten, dessen Nationalgericht *Poutine* man als »Durcheinander«, aber auch als »Sauerei« übersetzen kann? Und so sieht es auch aus: dick geschnittene Pommes frites mit dünner Bratensauce und Käsebrösel, oft aus Cheddar. Das Gericht soll in den späten 1950er-Jahren in der Provinz Québec erfunden worden sein, mehrere Orte balgen sich um das Geburtsrecht. Und inzwischen hat sich *Poutine* über ganz Kanada und die angrenzenden US-Staaten verbreitet, in zahllosen Variationen. Gut gemacht ist es eine preiswerte und leckere Fast-Food-Alternative, kein Wunder, dass es in Kanada auch einige Hamburger-Ketten auf der Speisekarte haben.

4

Inzwischen richten ehrgeizige junge Küchenmeister die Nationalspeise mit Gänseleberpastete, Trüffeln, mitunter sogar mit Kaviar an – exzentrisch, aber auch ein Zeichen dafür, dass sich das früher eher für schlichtes Kochgewerbe bekannte Land kulinarisch auf dem Weg nach oben macht. Dabei fing es ja nicht schlecht an, als die

5

ersten britischen und französischen Siedler Nahrung suchten. Die Indianer machten sie vertraut mit heutigen Delikatessen wie Lachs, Wildreis, Beeren und Ahornsirup. Dann breitete sich jedoch auch in der amerikanischen Kolonie die weltweit gefürchtete britische Kochkunst aus, das ist eine zum Glück überwundene Zeit.

Auch das französischsprachige Québec jener Pioniertage hatte anderes im Sinn als die Finessen der Grande Cuisine. Dennoch haben die *Québécois* neben *Poutine* auch *Tourtière* zum nationalen Speisezettel beigesteuert – Pasteten mit verschiedenen Fleischsorten als Füllung (in Montréal meist mit Schweinefleisch). Auch die global verbreitete Spalterbsensuppe *(Spit Pea Soup)* hat laut »Oxford Companion to Food« ihre Heimat in Québec, zumindest in der Version mit Räucherschinken am Knochen im Topf. Die gelbe Variante der Erbse prägte einst auch eine andere Landesspezialität: *Canadian Bacon*, ein fast fettfreies Stück Schweineschinken in einer dünnen Hülle aus einst Erbsen- und heute Maismehl. So sehen es die Kanadier mit gebremster Freude, dass gewöhnlicher Frühstücksspeck in aller Welt als *Canadian Bacon* verkauft wird. Auch das einheimische Großwild Moose und Bison wird in Farmen gezüchtet und nicht nur als Steaks, sondern auch als Moose-Burger oder Spaghetti Bison-Bolognese serviert.
Beaver Tails, Biberschwänze, sind hingegen garantiert fleischlos: So nennt nämlich eine Backwarenkette ihre Spezialität, deren Form an einen Biberschwanz erinnert. Die inzwischen national verbreiteten Teilchen stammen aus Ontario, sie können – ähnlich wie die noch populäreren *Butter Tarts* – mit Früchten, Schokolade oder Creme belegt werden. Vanillecreme bildet auch die mittlere Schicht der *Nanaimo Bars*, einer Kuchenschnitte aus einer Basis aus Waffelbruch und einer Decke aus Schokolade. Ob die Leckerei wirklich aus Nanaimo in British Columbia stammt, ist ungeklärt, aber die Süßigkeit fand überall in Kanada Freunde, selbst in Neufundland auf der anderen Seite des Kontinents, wo die *Newfies* mit ihrem *Figgy Duff*-Teigpudding eine eigene Süßigkeit erfunden haben.

Kanadas atlantisches Quartett

Neufundland, PEI, New Brunswick und Nova Scotia

Im Osten geht die Sonne auf. Für Kanada heißt das: in Neufundland, etwa an der historischen Trinity Bay an der Ostküste (oben). Nicht weit entfernt liegt der östlichste Punkt des nordamerikanischen Festlands, Cape Spear (rechte Seite). Weiter südöstlich ragt Cape St. Mary's in den Atlantik (unten), dort nisten unzählige Tölpel.

Die Maritimes sind die kanadischen Provinzen am Atlantik. Aber sind es drei oder vier Provinzen? Gehört Newfoundland (seit 2001 offiziell: Newfoundland and Labrador) dazu? Obwohl die *Newfies* erst 1949 dem Staat Kanada beigetreten sind? Obwohl die jüngste Provinz mit ihren 405 000 Quadratkilometern dreimal größer ist als New Brunswick, Nova Scotia und Prince Edward Island zusammen? Egal, Kanadas Volksmund macht die Unterscheidung zwischen den »Maritimes« und »Atlantic Canada« ohnehin nicht. Und schließlich verdankt ganz Kanada dem Kap Bonavista auf der Insel Newfoundland seinen Nationalfeiertag: Am 24. Juni 1497 nämlich stieß John Cabot auf die Landspitze – offiziell zumindest, auch wenn sich die Historiker nicht sicher sind, wo der Italiener (Giovanni Caboto) in Diensten Englands gelandet ist. Der Überlieferung nach soll er am selben Tag, dem Johannistag, in die Bucht von St. John's gesegelt sein. Dort entstand dann die gleichnamige Hauptstadt der Insel und der künftigen Provinz.

Die Insel Neufundland bildet den östlichsten Punkt Kanadas, ist somit Europa am nächsten. Darauf gründeten einige Bewohner wirtschaftliche Hoffnung, die sich aber nicht oder nur zeitweise erfüllten. Bereits 1854 wurde ein Untersee-Morsekabel zwischen Neufundland und Irland verlegt, und ein kleiner Inselort namens Heart's Content war der Knotenpunkt für Amerikas Überseekontakte. Bis 1901 Guglielmo Marconi auf dem Signal Hill oberhalb von St. John's seine Funkstation aufbaute und das erste drahtlose Signal aus dem englischen Cornwall empfing. Funkstationen ließen sich, im Gegensatz zu Kabelstationen, überall einrichten. Wenig später erlebte Neufundland den nächsten technischen – und transatlantischen – Meilenstein: 1919, acht Jahre vor Lindbergh, starteten in St. John's Captain John Alcock und Leutnant Arthur Whitten-Brown zum ersten Flug zwischen der Neuen und der Alten Welt. Rund 16 Stunden später erreichten sie Irland. Diese Flugverbindung sollte immerhin über Jahrzehnte beste-

hen bleiben: In Shannon an Irlands Westküste tankten die Propeller-maschinen vor Flügen über den »Großen Teich« auf, und wenn sie Gander auf Neufundland erreicht hatten, mussten sie dort Sprit nach-fassen, ehe sie ihr Ziel ansteuern konnten. Gander war zeitweise einer der verkehrsreichsten Flughäfen des Kontinents, das änderte sich erst mit den Düsenflugzeugen, die alle Metropolen an der Ostküste ohne Tankstopps erreichen konnten. In Gander erinnert eine Ausstellung an die großen Tage.

Wirtschaftlich profitierte die Provinz – wie auch Nova Scotia – vom scheinbar unerschöpflichen Reichtum an Cod (Kabeljau) vor der Küste, bis die überfischten Bestände in den 1990er-Jahren kollabierten. Statt der inoffiziellen Devise »In Cod we trust«, eine Verballhornung des offi-ziellen US-Mottos »In God we trust«, mussten sich die Kanadier an der Ostküste wieder in Gottvertrauen üben. Die vier Provinzen sind bis

heute das Armenhaus des Landes, wenn-gleich der Begriff »arm« relativ ist, denn in den land- und forstwirtschaftlich gepräg-ten Provinzen muss niemand hungern. Neufundland, das in Labrador auch Bodenschätze abbaut, setzt auf zwei Stra-tegien, die scheinbar gegensätzlicher nicht sein können: Ölförderung auf See und Tourismus am Land. Das Ölgeschäft ist ordentlich angelaufen, und die Zahl von rund 500 000 Touristen (bei 515 000 Ein-wohnern) im Jahr gilt als ausbaufähig. Das größte touristische Plus der Insel ist ihre weithin unbeschädigte Natur, von den eisbedeckten Bergen Labradors bis zu den kleinen Fischerhäfen und in Grün gebetteten Farmen auf der Insel Neufund-land, die geografisch auf Höhe des Boden-sees liegt. Dort sind die Wintertemperatu-ren für kanadische Verhältnisse recht mild mit minus zwei Grad Celsius im Durch-schnitt und plus 20 Grad im Sommer.

Auf der »Iceberg Alley« treiben im Frühjahr zahllose Eisberge von Labrador und dem Norden und Osten Neufundlands gen Süden (oben). In Twillingate (Mitte) dümpelt dann meist Eis in der Bucht. Bill, der dort Touren und Souvenirs anbietet, singt gern von der See (unten).

Seite 46/47:
»Nur« von 1836 ist der ältere der beiden Leuchttürme auf Cape Spear.

Prince Edward Island – »Wiege der Nation«

Von der größten zur kleinsten maritimen Provinz: nach Prince Edward Island (PEI). Die sichelförmige Insel misst nur etwa 5650 Quadratkilo-meter, das entspricht 0,1 Prozent der Gesamtfläche Kanadas. Auf dem Festland, zu dem seit 1997 die lange Zeit umstrittene 12,9 Kilometer lange Confederation Bridge führt, wird die Mini-Provinz oft mit mildem Spott als »Zwei lange Strände und dazwischen ein Kartoffelacker« beschrieben. Die gut 140 000 *Islanders* hören das mit gemischten Gefühlen, denn zwar wirbt der Satz für die beiden wichtigsten Fakto-ren der Inselökonomie: Tourismus und Landwirtschaft, doch die mit-schwingende Arroganz verärgert sie freilich.

Fortsetzung Seite 48

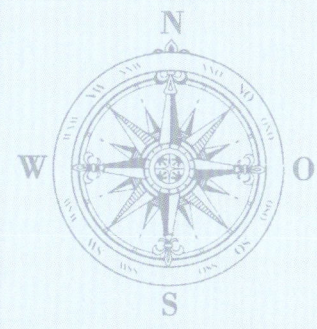

Euro-Land in Kanada

Geografisch ist Kanada unglaubliche 9 984 912 Quadratkilometer groß, politisch misst es aber nur 9 984 670 Quadratkilometer. Die fehlenden 242 Quadratkilometer liegen auf zwei Inseln im Meerestrichter zur Einfahrt in den St.-Lorenz-Strom, heißen Saint-Pierre et Miquelon – und gehören zu Frankreich. Die 6300 Insulaner, die einst von Fischfang und Schmuggel gut leben konnten, halten sich heute mit Zuschüssen aus Paris, Fischzucht und Tourismus über Wasser. Die Besucher sind meist Kanadier, die einen Kurztrip »nach Europa« machen wollen, wo man mit Euro zahlt und Baguettes backt. Die Inselnatur ist karg, das Wetter oft unfreundlich (im Juni und Juli liegt häufig Nebel über den Eilanden) und die Zahl der Sehenswürdigkeiten überschaubar. Die Inselverwaltung hebt die »berühmte Guillotine« hervor, die »einzige, die je in Nordamerika im Einsatz war«. Treue Besucher sind Amateurfunker, für die Saint-Pierre et Miquelon eine exotische Kennung hat.

Wahrhaft große Kunst: Etwa 6,6 Kilogramm wog die Forelle, die ein Angler vor einigen Jahren bei Dorion in Ontario an Land zog – damals ein Weltrekord. Michael O'Connor, ein lokaler Künstler, verewigte dieses Ereignis anno 2000 auf den Wänden einer Halle bei einer Tankstelle am Highway 11/17. Und da O'Connor auch zwei weitere Wände der Halle mit einem Wolfsrudel und einem gigantischen Porträt eines Moose-Bullens zierte, kann das kleine Dorion nun mit »the greatest wildlife mural in Canada« werben.

»Verschlafen« ist ein – positiv gemeintes – Wort, das man oft hört über New London (oben) in Kanadas kleinster Provinz, Prince Edward Island. Das Attribut passt auch auf Victoria-by-the Sea (unten), wo »Victoria Crafts« bunte Möbel offeriert. Noch beschaulicher zeigt sich PEI beim West Point Lighthouse (rechte Seite oben), wo man im Turm und im nahen Inn übernachten kann. Mehr »Action« gibt es da bei den Seehunden der Insel (rechte Seite unten).

Das bekannteste Agrarprodukt sind die PEI-Kartoffeln, die der Insel den Spitznamen *Spud Island* (Kartoffelinsel) eingetragen haben. Mehr als ein Drittel aller landwirtschaftlichen Einkommen sind den Erdäpfeln zu verdanken, die in der roten Erde der weitgehend schädlingsfreien Insel offenkundig besonders gut gedeihen: Sie sind nicht nur im eigenen Land, sondern auch in den USA gefragt. Und die Saatkartoffeln werden in alle Welt exportiert. Um weniger abhängig von der Knolle zu sein, hatten die Bauern um 1890 die weltgrößte Zucht von Schwarz- und Silberfüchsen aufgebaut. Doch mit der Depression der 1930er-Jahre brach der Pelzhandel völlig ein. Ein zweiter Ausflug ins Pelzgeschäft wäre beinahe noch schlimmer verlaufen: Als die Insulaner (und andere Kanadier der Region) hilflose weiße Seehundbabys auf dem Eis erschlu-

gen, wurden sie dafür weltweit in der Presse gerügt, sodass der Tourismus zu kollabieren drohte. Mit mehr als 600 000 Urlaubern im Jahr ist das Gewerbe aber von großer Bedeutung. Seither bietet PEI in der Saison Fotosafaris zum Seehund-Nachwuchs an.

Wegen der vielen Touristen wird es im Sommer eng auf den Inselstraßen, obwohl PEI, gemessen an der Inselgröße, das dichteste Straßennetz aller kanadischen Provinzen besitzt: fast 5500 Kilometer auf dem 220 Kilometer langen und sechs bis 60 Kilometer breiten Eiland. Weil viele Besucher, hauptsächlich Familien mit Kindern, mit dem Auto anreisen, haben die Touristikmanager drei verschiedene Rundreisen entwickelt, die nahezu alle Sehenswürdigkeiten einschließen. Die kürzeste Route in der Inselmitte (253 km) ist die meistbefahrene, schließt

sie doch die Hauptstadt Charlottetown ein. Hier preist sich Prince Edward Island als »Geburtsort der Nation«: Im Province House trafen sich im Jahr 1864 Vertreter mehrerer Kolonien auf kanadischem Boden, um eine Allianz der atlantischen Region zu schmieden. Das klappte zwar nicht, aber stattdessen einigten sich die Teilnehmer auf eine Konföderation, aus der das heutige Kanada erwuchs. *Confederation Player*, gekleidet im Stil jener Tage, führen die Besucher durch die Stadt und zu den historischen Orten.

Kanadier sind natürlich an diesen Stätten besonders interessiert, aber Hauptattraktion der Insel ist das *House of the Green Gables*, in dem die millionenfach verkauften Kinderbücher über Anne spielen, die in dem Haus mit den grünen Giebeln lebte. Die Autorin, Lucy Maud Mont-

gomery (1874–1942), wurde auf PEI geboren. Sie sagte allerdings einmal, das Haus habe es so nie gegeben, sie habe in den Romanen Elemente verschiedener Häuser auf der Insel zusammengefügt. Der Bauernhof, der die Schriftstellerin inspirierte, liegt heute im PEI National Park und wird jährlich von mehr als 300 000 Menschen besucht – darunter etwa 10 000 Japaner, für die »Anne of the Green Gables« ein Hauptgrund für die Kanada-Reise ist.

Das Land der zwei Sprachen: New Brunswick

Die Provinz New Brunswick liegt hingegen – zumindest international – etwas im touristischen Schatten. Die dicht bewaldete Provinz hat aber viel dazu beigetragen, dass der *Lumberjack*, der Holzfäller, zu einer Ikone der kanadischen Folklore wurde. Karierte Hemden und Wollja-

cken, wie sie die Lumberjacks gerne tragen, sind deshalb immer noch ein beliebtes und wirklich typisches Kanada-Souvenir – nicht nur in dieser Provinz mit dem deutschen Namen Neubraunschweig. Der Name ist ein Tribut an das Fürstenhaus Braunschweig, dem auch Englands König Georg III. entstammte. Und die Hauptstadt Fredericton ehrt den britischen Feldmarschall Prinz Friedrich August.

New Brunswick ist *the land of two tongues*, die einzige wirklich zweisprachige Provinz Kanadas. Hier leben zahlreiche Abkömmlinge der *Acadiens*, wie sich die französisch sprechenden Siedler der Region nannten. Sie wurden vertrieben, als die Briten nach vielen Kriegen mit den Franzosen 1713 im Vertrag von Utrecht die französischen Kolonialgebiete im Nordosten Amerikas erhielten. Besiegelt wurde dies 1763 im Frieden von Paris. Moncton, die nach St. John zweitgrößte Stadt (Fredericton ist nur Nummer drei), gilt seither als die inoffizielle Hauptstadt Acadiens, obwohl dort inzwischen die Mehrheit Englisch spricht.

Im »Acadian Village«, einer historischen Dorfrekonstruktion, können sich Besucher über diese einstigen Siedler informieren. Aber auch für die *Loyalists* gibt es mit »King's Landing« solch einen Dorfnachbau – die Loyalisten waren britische Siedler in Nordamerika, die sich nach dem Unabhängigkeitskrieg der USA in das weiterhin britische Kanada zurückzogen.

In St. John, *the Loyalist City*, erhält man im New Brunswick Museum, dem ältesten Museum des Landes, Hintergrundinformationen zu den kriegerischen Irrungen und Wirrungen in Kanadas jungen Jahren. Wer es »frischer« mag, sei auf den Old City Markt verwiesen, der seit 1876 Gemüse und Obst, aber auch heimische Delikatessen wie *Dulse*, eine Art Seetang, oder *Fiddleheads*, noch eingerollte junge Spitzen von Farnen, offeriert. Bekannter ist aber die erstaunliche Schau, die Mutter Natur täglich frei Haus liefert und die viele Touristen in die Stadt lockt: Über die Reversing Falls stürzt der St. John River bei Ebbe

Fortsetzung Seite 55

Bei Flut ragen die von See und Wetter geformten »Flower Pot Rocks« (linke Seite) im Hopewell-Rocks-Provinzpark fotogen aus dem Meer. Die Blumentopf-Felsen werden so genannt, weil die meisten von ihnen bewachsen sind. Sie sind ebenso ein Wahrzeichen von New Brunswick wie das viktorianische Rathaus von 1876 in Fredericton (links), der Provinz-Hauptstadt. Nicht exklusiv hingegen hat Neu-Braunschweig die farbenreichen Herbstwälder, wie hier am Highway 114 (oben) nahe dem Fundy-Nationalpark. Der Indian Summer setzt alljährlich ganz Ost-Kanada bis Ontario »in Flammen«.

51

500 Jahre vor Kolumbus

Die Wikinger – Entdecker Amerikas

Freizeit-Wikinger treffen sich beim Winter Carnival von Richmond Hill, Ontario, in einem »Viking Camp« (1). Typischer Bug eines Wikingerschiffes (2). Die Rekonstruktion der berühmtesten Wikingersiedlung in Amerika, L'Anse aux Meadows auf der Insel Neufundland, errichtet 500 Jahre vor Kolumbus (3). Wikinger-Denkmal in Gimli, Manitoba – gehörnte Helme trugen die Nordmänner allerdings nicht, das ist eine unverwüstliche Legende (4). Hier wird Stockfisch hergestellt (5). So kommunizierten Wikinger (6). Kirchennachbau bei Saint Anthony in Neufundland (7).

Hin und wieder stößt man in Nordamerika auf den hübschen Vornamen Snorri, meist im Umfeld skandinavischer Einwanderer. Und dabei könnte Snorri mit gutem Recht ein *all-american name* sein, denn so hieß höchstwahrscheinlich das erste nichtindianische Kind, das einst auf dem Kontinent geboren wurde.

Der Name bedeutet, passend für einen Wikinger, »Angriff« oder »Kampf«. Snorri war einer nordischen Saga zufolge der Sohn von Gudrun, die mit den Nordmännern um das Jahr 1000 nach L'Anse aux Meadows an der Nordspitze der Insel Neufundland kam: Die »Entdeckung Amerikas« fand also mehr als ein halbes Jahrtausend vor Christoph Kolumbus (ca. 1461 bis 1515) statt.

Der norwegische Forscher Helge Ingstad und seine Frau Anne, eine Archäologin, wollten nicht ausschließen, dass die isländischen Sagas, die über ein fernes neues Land jenseits des Atlantiks berichteten, zumindest einen wahren Kern haben. Andere Wissenschaftler jener Tage hielten die Wikinger-Berichte für Folklore, da sich für sie auf nordamerikanischem Boden nie einen Beleg für diese frühen Fahrten nach Amerika hatte nie finden lassen. Bis zu einem Tag im Sommer 1960, als die Ingstads mit ihrem Schiff in die Bucht von L'Anse aux Meadows einliefen.

Dort konnte ihnen der Fischer George Decker zwar keine Hinweise auf Wikinger geben, aber er zeigte ihnen am Ortsrand grasüberwachsene »Indianerhügel«.

7

5

6

Rebenreste. Offenkundig nutzten die Nordmänner ihre Siedlung als Basis für Fahrten entlang der Küste nach Süden – Vinland galt wohl als Namen für die ganze Region bis hinunter in die heutigen USA, nach New England. Schon um 1075 berichtete der Chronist Adam von Bremen von der Vinland-Entdeckung.

Und wer war der Gründer von L'Anse aux Meadows? Viel spricht für den Sohn von Erik dem Roten, dem legendären Entdecker Leif Erikson. Leif, ausgesprochen wie life – auch kein schlechter Name für die englischsprachige Welt. Und über Snorri denken wir noch einmal nach, schließlich bedeutet to snore im Englischen »schnarchen«. Doch verschnarcht waren die Entdecker Amerikas gewiss nicht.

Für das Ehepaar bestätigte sich bald die Vermutung, auf das lange gesuchte Bindeglied zwischen der Alten und der Neuen Welt gestoßen zu sein. Sie begannen mit anderen Archäologen ihre Ausgrabungen in Neufundland. Hervor kam eine kleine, tausend Jahre alte Wikingersiedlung, wohl der Geburtsort des kleinen Snorri. Von den Wänden der Hütten aus Erd- und Grasblöcken blieb zwar nichts, aber die Grundrisse waren klar erkennbar. L'Anse aux Meadows gibt heute mit seinen Rekonstruktionen und seinem Besucherzentrum einen guten Eindruck davon, wie die ersten Europäer in Amerika lebten. Das war Grund genug für die UNESCO, den Küstenfleck 1978 zur Welterbestätte zu machen.

Irritationen gab es anfangs noch wegen der Tatsache, dass die Sagas von Vinland berichten. War es damals in der subarktischen Region so warm, dass dort wilder Wein wuchs? Schließlich bezeichneten die Wikinger Grönland ja auch als »grünes Land«. Wein wuchs wohl niemals in Neufundland, sagt die Wissenschaft. Aber in L'Anse aux Meadows fanden sich verrottete

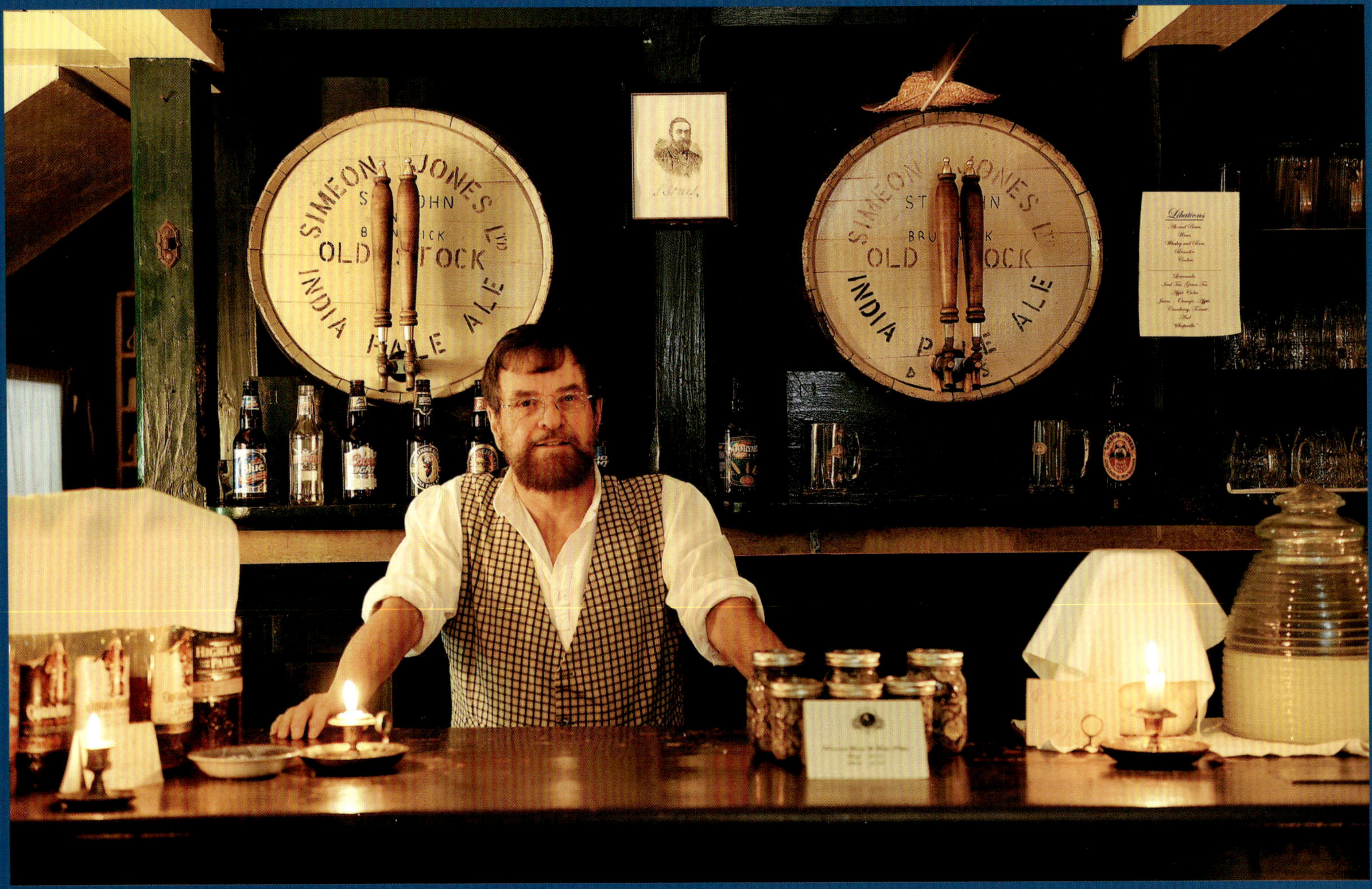
SIMEON JONES
INDIA PALE ALE

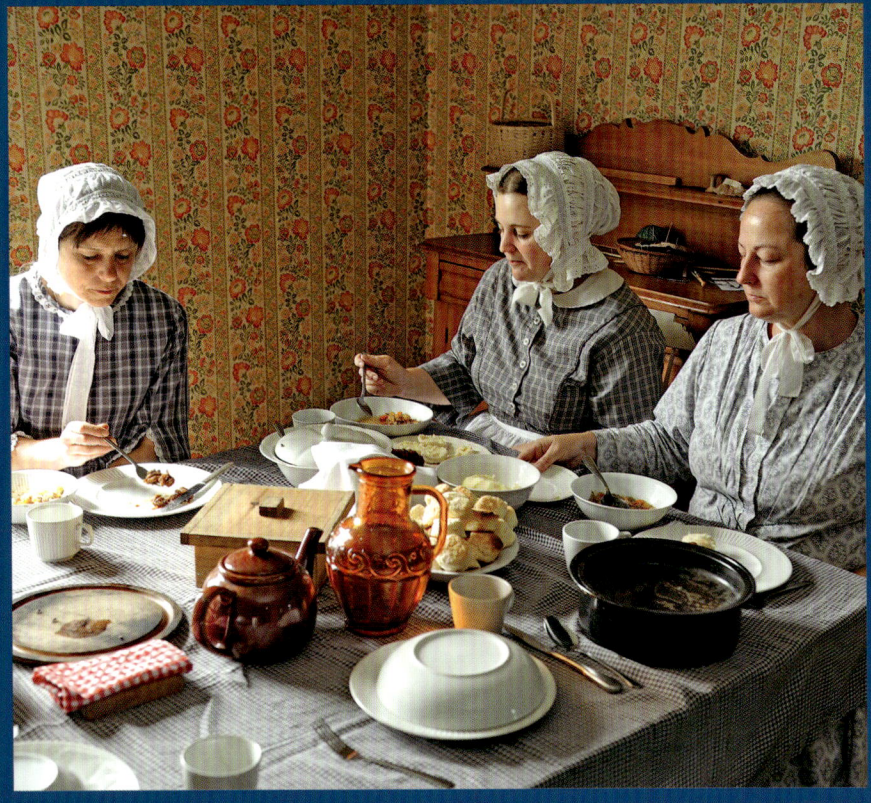

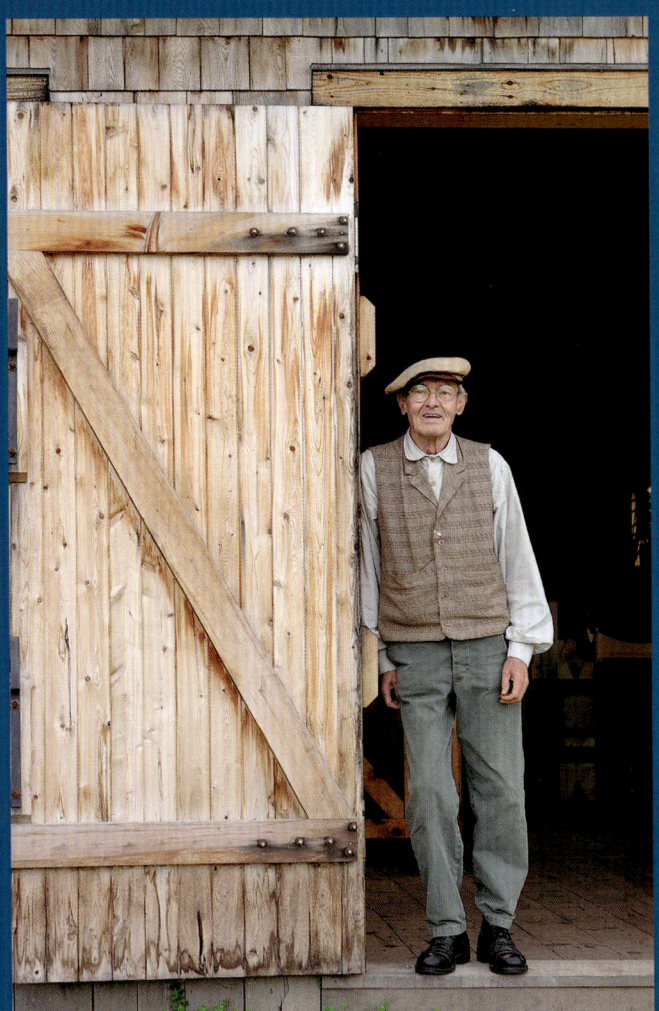

in die Bay of Fundy, bei Flut hingegen drückt das Meer mit seinem gewaltigen Tidenhub das Wasser zurück ins Flussbett, sodass sich dann bei vielen Zuflüssen die Fließrichtung umdreht – ein sich über zwölf Stunden hinziehendes Programm, das im Infozentrum freundlicherweise zu einem Sechs-Minuten-Film komprimiert wurde.

Die Küste der Hopewell Cape, an der die bis zu 15 Meter – im Extremfall bis zu 20 Meter – hohe Tide Flowerpot Rocks geschaffen hat, runde oder bizarr geformte Sandsteinfelsen im – bei Ebbe trockenfallenden – Meer, auf den Grünes oder Buntes wild wächst. Wegen dieser Gezeiten und der oft kühlen Meerestemperatur ziehen Badegäste in New Brunswick aber oft die Gestade des wärmeren St.-Lawrence-Stroms vor, wo es mit Kouchibouguac einen weiteren Nationalpark gibt. Aber den kennen selbst viele Kanadier nicht – es sei denn, sie sind Hobby-Astronomen. Der Nationalpark wurde nämlich als so genanntes *Dark Sky Preserve* ausgewiesen, als Lichtschutzgebiet, in dem der Nachthimmel noch weitgehend unbeeinträchtigt von irdischen Lichtquellen beobachtet werden kann. In Kanada gibt es bislang insgesamt 17 solcher Zonen, auch der nahe Fundy National Park gehört dazu. Hinzu kommen zwei *Urban Star Parks*, städtische Areale, in denen die Beleuchtungssysteme so angelegt sind, dass sie den Himmel möglichst in Dunkelheit lassen. Der eine dieser Stadtparks ist in Victoria, British Columbia, der zweite in St. John, New Brunswick.

»Living History« nennen Kanadier die Museen, in denen kostümierte Mitarbeiter alles zeigen und erklären. »Kings Landing« bei Fredericton in New Brunswick ist ein populäres Beispiel für ein Dorf im 18. und 19. Jahrhundert (alle Fotos linke Seite). Lokale Prominenz genießt Herman Dixon aus Riverside, NB, der »Pumpkin Man« (oben). In St. John erinnern überlebensgroße Skulpturen an die Ankunft der »Loyalisten« aus den revolutionären amerikanischen Kolonien. Die Männer und Frauen wollten weiterhin dem britischen König dienen (links).

Seite 56/57:
Der Highlands-Nationalpark am Cape Breton sorgt für Nova Scotias großartige Szenerie.

Nova Scotia, meerumschlungen

Tiefe Dunkelheit kennen bestenfalls noch einige betagte *Haligonians*, weil ihre Heimatstadt Halifax im Zweiten Weltkrieg bei Fliegeralarm verdunkelt werden musste. Die Hauptstadt von Nova Scotia hat immer mit dem Militär gelebt, vornehmlich mit der Navy. Schon die Briten etablierten hier zu Kolonialzeiten ihr Marine-Hauptquartier, Kanada hat in Halifax sein Atlantik-Hauptquartier, und in Kriegstagen wurden im Hafen, einem der größten der Welt, die Geleitzüge zusammengestellt, die Material und Soldaten nach Europa bringen sollten und vor U-Booten geschützt werden mussten. Aber auch die zivile Seefahrt hat in Nova Scotia eine große Geschichte, verbürgt im Namen Samuel Cunard (1787–1865). Der gebürtige *Haligonian* erfand mit seinen Dampfern die Linienschifffahrt nach Fahrplan, er verlegte seine Reederei aber nach England. Heute gleiten luxuriöse Kreuzfahrtschiffe wie die »Queen Mary 2« für Cunard durch die Weltmeere, die Firma ist allerdings inzwischen in amerikanischem Besitz.

Der Hafen machte Halifax wohlhabend. Damals entstanden die historischen Bauten, die heute den Charme der Stadt ausmachen, etwa die Zitadelle über der Stadt, wo die Royal Artillery in britischer Tradition täglich um zwölf Uhr die Kanone zündet, die Old Town Clock oder das Province House des Parlaments, der Brewery Market oder die Historic Properties am Hafen. Das Maritime Museum of the Atlantic zieht Seefahrtsenthusiasten aus ganz Nordamerika an.

Halifax ist, nicht zuletzt dank seiner 415 000 Bürger die vitalste Hauptstadt der Maritimes. Auch das Hinterland ist einen Abstecher wert – wenn nicht gerade 600 000 andere Touristen ebenfalls unterwegs sind, die jährlich den fotogenen Fischerort Peggy's Cove aufsuchen. Lunenburg, erkennbar eine deutsche Gründung und ein historisches Holzhaus-Juwel, ist in der Hochsaison allerdings auch das Ziel Tausender. Lunenburg ist bekannt für seinen Holzschiffbau und deshalb auch der Heimathafen für Nova Scotias »schwimmenden Botschafter«, die »Bluenose II«, einen Schoner-Nachbau. Hier entstand ferner der (2012 gesunkene) Nachbau der »Bounty« für den Hollywood-Klassiker »Meuterei auf der Bounty«. Weitere Attraktionen sind die Insel Cape Breton mit dem Highlands National Park, die Festung Louisbourg und der Cabot Trail, eine Ringstraße, die nach dem ersten Europäer benannt wurde, der die Insel erforschte.

In einer anderen Himmelsrichtung geht es nach Annapolis Royal, das als Port Royale von Franzosen gegründet wurde und für fast 150 Jahre die Hauptstadt von Acadien und später Nova Scotia war, bis 1749 Halifax gegründet wurde. Siebenmal attackierten die Briten den Ort, sechsmal die Franzosen. Keine andere Ortschaft in Nordamerika wurde so oft angegriffen. Heute wirkt das Dorf so friedlich wie das es umgebende fruchtbare Annapolis Valley. Im Juli und August sind dort zwar viele Touristen unterwegs, aber dafür gibt es die Spezialität *Hodegy Podegy* (auch: *Hodge Podge*) mit frischem Gemüse. Die Einheimischen schwören, dass das Gericht gerade dann am besten schmeckt. Erbsen, Bohnen, Karotten und kleine Kartoffeln werden dafür in einer Milchbrühe gekocht, dazu wird meist Corned Beef gereicht.

Die historische Kleinstadt Lunenburg, etwa 100 Kilometer von Halifax entfernt, ist Weltkulturerbe, berühmt für ihre Schiffsbau-Tradition und ein Touristenmagnet (oben). Noch mehr Besucher – 600 000 pro Jahr – zieht das hübsche Fischerdorf Peggy's Cove an. Sein Leuchtturm dürfte der meistfotografierte Kanadas sein (rechts). Das Nest, größtenteils auf einer felsigen Halbinsel gelegen (rechte Seite unten), gilt als Wahrzeichen der meerumschlungenen Provinz mit dem lateinischen Namen, der Neu-Schottland bedeutet. Deren wichtigster Hafen, Halifax, ist das Ziel großer Frachter und Kreuzfahrtschiffe (rechte Seite oben).

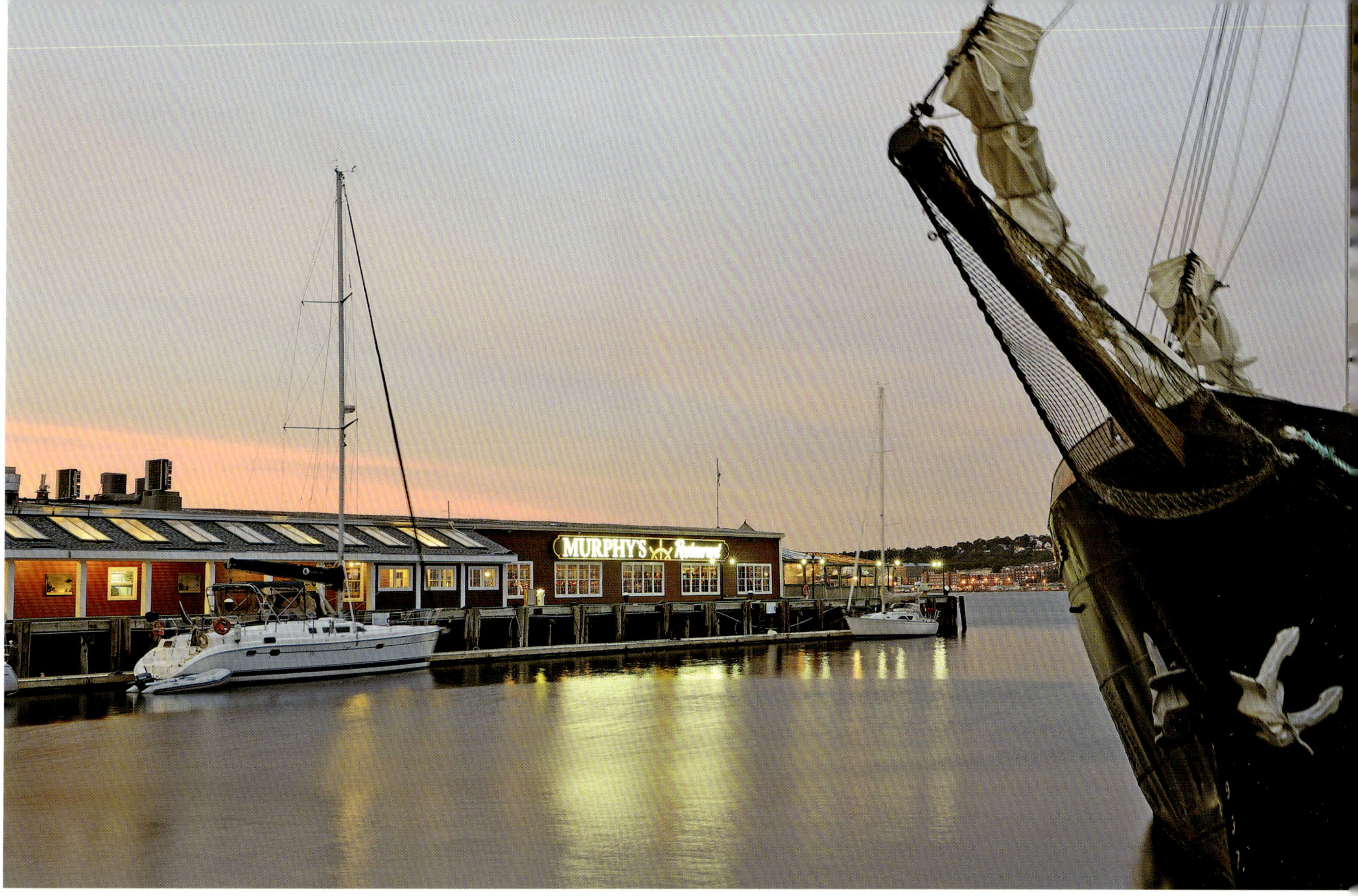
MURPHY'S

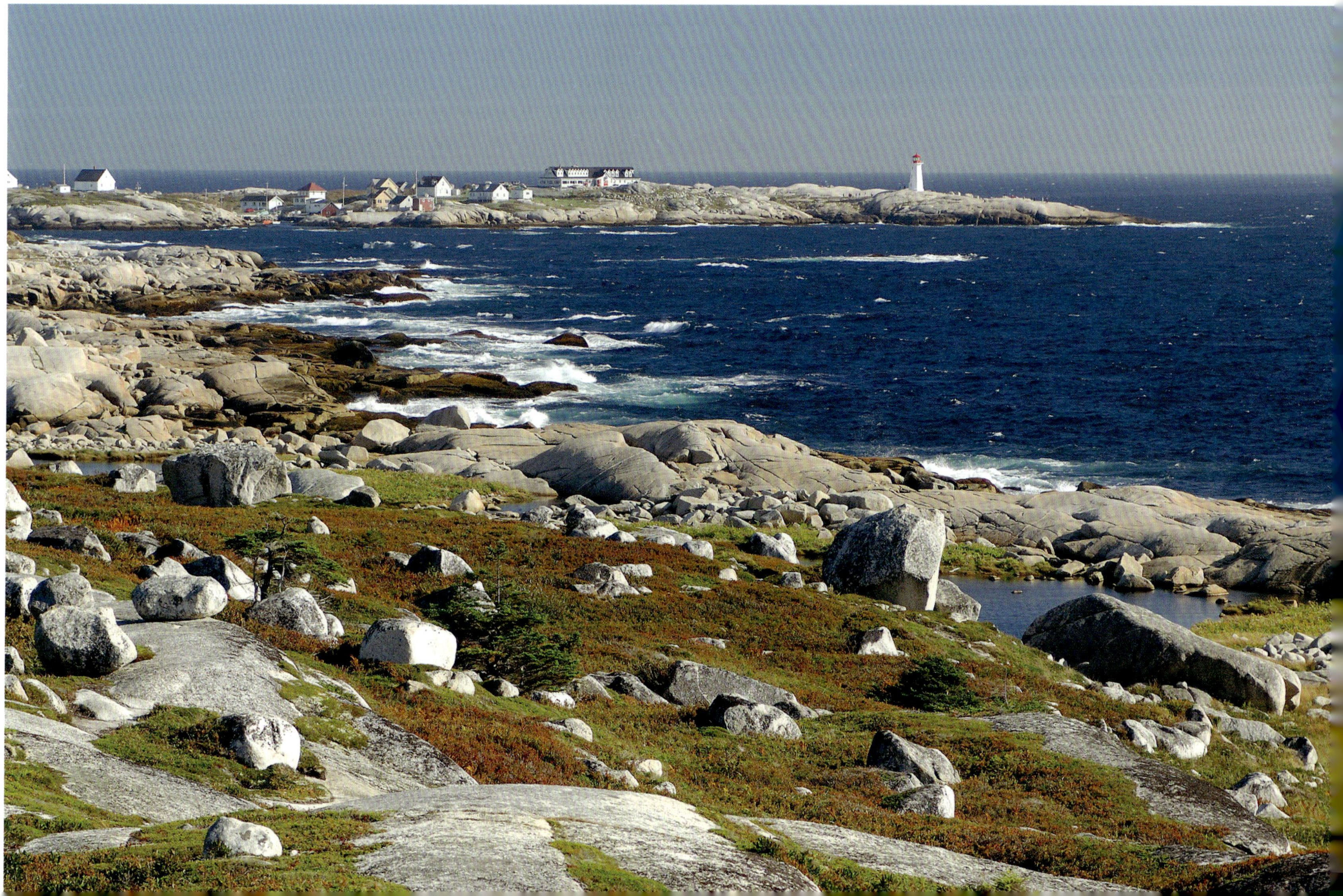

Winterfest und sommerheiß

Kanadas Landschaften und Klimazonen

1

2

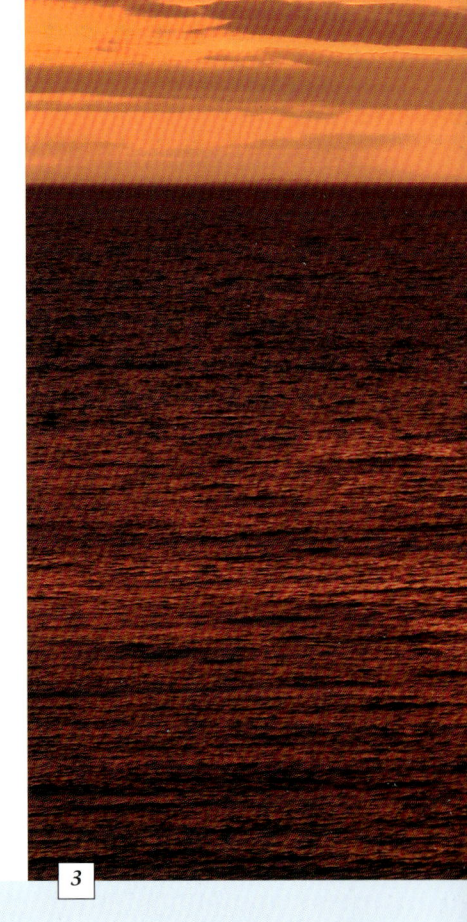

3

Alle Wetter, Kanada! Der sonnige Indian Summer in Hampton, New Brunswick (1), der Hochsommer in Kanadas endlosen Wäldern (2), die Eisberge am Crow Head in Neufundland (3), die Brecher an der Küste von Peggy's Cove (4), die zugefrorenen Seen in der winterlichen Arktis (5) und die Majestät der Gletscher, hier der Jacobson Glacier in British Columbia (6).

Seite 62/63:
Früher Dunst an der Mahone Bay in Nova Scotia. Kanadier sagen es so: »Unser Land hat vier Jahreszeiten: Fast Winter, Winter, immer noch Winter und Straßenarbeiten.«

K anadas Klima ist ganzjährig nicht so kalt, wie Sie vielleicht denken«, wirbt ein Reiseveranstalter. Alles nur Reklame? Nein, die Touristiker räumen bereits im nächsten Satz ein, dass im Winter die Temperaturen fast überall im Land unter die Frostgrenze sinken. Dafür sind die kanadischen Skigebiete durchaus dankbar. Die Reviere in den Canadian Rockies zählen zu den besten der Welt, aber es gibt in allen Provinzen und Territorien welche. Selbst in der kleinsten Provinz, Prince Edward Island, lockt der Brookvale Ski Park (Höhenlage: 20 bis 96 Meter) mit drei Liften. Und auf die weiße Pracht hat sich das Land in Jahrhunderten gut eingestellt. Egal ob Verkehr, Transport oder Kommunikation – Kanada ist ziemlich winterfest.

4

Das ist auch nötig, denn Geologie und Geografie bieten der Eiseskälte aus der Arktis wenig Widerstand. Das gilt vor allem für den Canadian Shield, eine relativ flache, überwiegend bewaldete Felsenzone im Landesinneren, der mehr als die Hälfte der kanadischen Landesfläche einnimmt.

Dieser »Schild« liegt rund um die Hudson Bay, ein tief in den Kontinent reichendes Nebenmeer des Atlantik, das mit 1,23 Millionen Quadratkilometern fast dreimal so groß ist wie das Schwarze Meer. So erreichen die arktischen Fronten fast alle Landesteile: Sie fegen durch die Präriestaaten Manitoba,

Saskatchewan und Alberta, fallen in das dicht besiedelte Tiefland an den Großen Seen und am St.-Lorenz-Strom ein und können auch bis in die Maritimes, die Provinzen an der Ostküste, vorstoßen, da die Ausläufer der amerikanischen Appalachen-Bergkette nicht hoch genug sind für eine Wetterscheide.

Diese Aufgabe übernehmen aber die beiden Bergketten an der Westküste, die Rocky Mountains sowie die Coastal Mountains, an deren Westflanken hohe Niederschlagsmengen verzeichnet werden und teilweise ausgedehnte Regenwälder mit beeindruckenden Baumriesen gedeihen.

Im Inland, wo es im Winter aber mühelos 30 bis 40 Grad unter Null kalt sein kann, vermag das Thermometer im Sommer auch auf weit über 30 Grad plus zu steigen, etwa in der Prärie. An den Großen Seen und am Atlantik sorgen diese für einen Klima-Ausgleich. Und der Westen, die Pazifikküste, hat ohnehin sein ganz eigenes Wetter: im Winter regenfeucht und kühl, jedoch selten frostkalt, im Sommer feucht und angenehm warm. So hat jede Jahreszeit ihre Reize, der matschige Frühling ist allerdings vornehmlich für Stadtvisiten geeignet.

Wer die subarktischen Regionen Kanadas erkunden möchte, sollte sich auf den ein bis maximal drei Monate lang dauernden Sommer konzentrieren. Die knappe Sommerzeit hat allerdings den Vorteil, dass die Sonne fast 24 Stunden scheint – das erfreut auch Myriaden von Mücken. Auch Frühjahr und Herbst sind sehr kurz.

Die generell besten Reisezeiten für Naturliebhaber, etwa für Wohnmobil-Touristen und die Besucher der rund 45 Nationalparks, sind der Spätsommer und der Herbst.

Vom Atlantik bis ins Herz des Kontinents

Die Provinzen Québec und Ontario

D ie größte Provinz mit der zweit-größten Einwohnerzahl und die zweitgrößte Provinz mit der größten Bewohnerzahl: Die Nachbarn Québec und Ontario sind unstreitig Kanadas »Powerhouse«. Und selbst die Bundeshauptstadt Ottawa ist nur knapp zwischen beide Provinzen gequetscht, an Ontarios östlichem Rand, nur eine Flussbreite von der Provinz Québec und dessen viertgrößter Stadt Gatineau ent-fernt. Die beiden größten Städte der Nation prägen ihre Provinzen: Toronto, die Hauptstadt von Ontario, und Mont-réal, die Metropole Québecs.

Die beiden Städte und beide Provin-zen agieren allerdings nicht mehr auf Augenhöhe. Das Bruttosozialprodukt ist in Ontario fast doppelt so hoch wie in der frankophonen Provinz. Québec und Montréal sind zurückgefallen gegen ihren westlichen Nachbarn. Das war einmal anders, Montréal war größer und wirtschaftlich bedeutender als Toronto.

Ein komfortabler Umstand, der dazu beitrug, die Unabhängigkeitsbe-wegung im französischsprachigen Québec zu stärken. Aber gerade das trug dazu bei, dass Montréal seine nationale Spitzenstellung verlor. Spätestens als 1995 bei einem Referendum zur Unabhängigkeit der Pro-vinz von Kanada die Separatisten 49,42 Prozent der Stimmen erhielten, die Trennung also nur äußerst knapp vermieden wurde, verlagerten viele Firmen ihren Sitz von Québec ins nahe Ontario. Toronto wurde so zum unbestrittenen Finanzzentrum des Landes.

Die Absatzbewegung der Wirtschaft hatte aber schon früher begonnen: Zwischen 1963 und 1970 hatte bereits eine linksradikale »Front zur Befreiung Québecs« versucht, die Abspaltung mit Waffenge-walt, Attentaten und Banküberfällen zu erzwingen. Der Polizei gelang es schließlich, die Organisation zu zerschlagen. Die *Parti Québécois*, heute die stärkste politische Kraft in Québec, wollte dasselbe Ziel mit friedlichen Mitteln erreichen. Bei ihrem ersten Québec-Referendum hatten 1980 noch knapp 60 Prozent gegen eine staatliche Eigenstän-digkeit gestimmt, was die Sorgen der Wirtschaft zwischenzeitlich

Kanada hat zwei historische Altstädte: Vieux-Montréal (oben) und Québec City (unten). Und wenn Québec im Wettbewerb um die pittoreskeren Bilder die Nase vorn hat, liegt das an seiner Lage: Wie eine mittelalterliche Burg ruht das Château Frontenac, »Kanadas meistfotografiertes Hotel« (rechte Seite), auf einem Felsen über dem St.-Lorenz-Strom.

etwas beruhigt hatte – bis eben zum knappen Referendum von 1995. Der inzwischen auch eingeschaltete Oberste Gerichtshof Kanadas entschied dann 1998, dass keine Provinz einseitig ihre Unabhängigkeit erklären könne. Ob indes die Entscheidung des Unterhauses in Ottawa, die *Québécois* 2006 als »Nation in einem geeinten Kanada« anzuerkennen, die fragile Partnerschaft stabilisieren kann, muss sich noch erweisen.

»Ô Canada«

Wie kam es überhaupt zu dieser französischen Provinz im britischen Kanada? Das hat, wie oft in der Politgeografie, historische Gründe. Im frühen 17. Jahrhundert gründeten sowohl Paris als auch London Siedlungen in diesem Teil der Welt, die Franzosen am St. Lawrence River und an den großen Seen, die Engländer an der Atlantikküste und an der Hudson Bay. Die beiden Nationen waren heftige Konkurrenten im Pelzhandel – einer der Gründe für ihren Kampf um die Vorherrschaft im heutigen Kanada. Seine Geschichte wurde entscheidend geprägt vom Fall der Stadt Québec City 1759 an die Briten – eine wichtige Schlacht im »Siebenjährigen Krieg« in Europa und seinen Kolonien. Im »Frieden von Paris« musste Frankreich fast seine gesamten nordamerikanischen Kolonien abgeben, Québec zum Beispiel an die Briten. Da sich die *Québécois* nicht in Britisch-Nordamerika integrieren wollten, erhielten sie Erlaubnis, auch unter kanadischer Herrschaft ihre Sprache und ihre katholische Religion beizubehalten.

So kam es zu dem Kuriosum, dass das offiziell zweisprachige Kanada als größtes Französisch sprechendes Land der Welt gilt, das jedoch die britische Queen zum Staatsoberhaupt hat. Tröstlich ist für die eingefleischten Frankophonen immerhin, dass »God save the Queen« nur noch *the Royal Anthem of Canada* ist und das neutralere »O Canada« (englisch) im ganzen Land als Nationalhymne geschmettert wird. Es sei denn, ein Royal ist zugegen. Dann werden pragmatisch beide Lieder angestimmt. Und die *Québécois* tun es in dem Bewusstsein, dass »Ô Canada« (französisch) von einem der ihren, Calixa Lavallée (1842 bis 1891), komponiert wurde.

Als Lavallée 1891 starb, hatte Québec knapp 1,5 Millionen Einwohner. Heute sind es gut acht Millionen, die sich auf rund 1,5 Millionen Quadratkilometer verteilen. Ontario, die zweitgrößte der Provinzen, schafft es »nur« auf reichlich eine Million Quadratkilometer, zählt aber mehr als 13 Millionen Bürger. In Québec leben statistisch 5,6 Menschen

Highlights im Osten: erst im Quartier du Petit Champlain und in den anderen Gassen der Altstadt von Québec City bummeln (oben und unten), dann einen Trip auf die schöne Gaspé-Halbinsel, etwa nach Saint Fabian (Mitte), unternehmen. Wer die gesamte Halbinsel erkunden möchte, sollte aber mindestens einen vollen Tag einplanen, besser noch sind zwei Tage mit einer Übernachtung.

Map labels

Chesterfield Inlet

Hudson Strait

UNGAVA PENINSULA

Payne Bay

Hebron

Hudson Bay

Feuilles

Caniapiscau

LABRADOR PENINSULA

LABRADOR

Churchill

York Factory

Fort Severn

Winisk

MANITOBA

Fort George

QUEBEC

Sept-Îles

James Bay

Attawapiskat

Moosonee

Fort Rupert

Baie-Comeau

ONTARIO

Chibougamau

St. Lawrence R.

Pickle Crow

Fort Hope

Roberval

Nakina

Hearst

Québec

Dryden

Cochrane

Val-d'Or

Trois Rivières

Thunder Bay

Lake Superior

Ottawa

Montréal

Sault Ste-Marie

Sudbury

North Bay ALGONQUIN PROV. PARK

Upper Canada Village

MANITOULIN ISLAND

Lake Huron

Kingston

Appalachians

Ste-Marie among the Hurons

Boston

Minneapolis

Toronto

Lake Ontario

Kitchener

Niagara Falls

New York

Detroit

Windsor

Lake Michigan

Lake Erie

Chicago

0   250 km

N

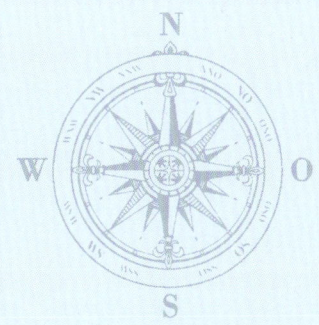

Wie eine Burg aus Glas wirkt der Erweiterungsbau der National Gallery of Canada in Ottawa, den 1988 der Architekt Mosche Safdie schuf. Das Museum wurde 1880 gegründet (oben). Wo immer in der englischsprachigen Welt in einem Ort namens Stratford ein Fluss verläuft, trägt er, Shakespeares Geburtsort sei's gedankt, den Namen Avon. So auch in Ontario (unten rechts). Beweis: Die Anziehungskraft schmucker Uniformen auf Frauen ist ungebrochen (unten links). Immer!

Die spektakuläre Klippe bei Gaspé (oben), der eine Felseninsel vorgelagert ist; der Leuchtturm von La Martre (unten) und »Le grand rassemblement« bei Sainte Flavie am St.-Lorenz-Strom. Die mehr als 80 Betonskulpturen von Marcel Gagnon scheinen aus dem Wasser zu kommen (rechte Seite).

*Seite 70/71:
Blaue Stunde: Montréals Hochhäuser in der Abenddämmerung.*

auf einem Quadratkilometer, in Ontario sind es 14 – Werte, die aber für die Realität nicht viel aussagen, denn in beiden Provinzen haben sich rund 80 Prozent der Bevölkerung im tiefen Süden angesiedelt, in Québec entlang des St.-Lawrence-Stroms, in Ontario am Nordufer der Großen Seen. Dort befinden sich auch die industriellen Zentren: der Flugzeug- und Schienenfahrzeugbau in Québec, der Autobau in Ontario. In beiden Provinzen profitiert die Industrie von günstigen Energiepreisen dank der Wasserkraft.

Von zentraler wirtschaftlicher Bedeutung ist für beide Provinzen auch der Tourismus, zumal er nicht nur in den Ballungsgebieten, sondern auch in der Wildnis des Nordens Arbeitsplätze schafft. Wobei Wildnis und Einsamkeit auch im Süden schon bald hinter den Stadt-

grenzen beginnen. Wer einmal im Süden in ein kleines Wasserflugzeug steigt und nach dem Abheben auf Nordkurs geht, merkt schon nach wenigen Flugminuten, dass die beinahe endlosen Wälder unter dem »Beaver«, einem einmotorigen Hochdecker mit großen Fenstern, nicht einmal mehr von Forstpisten durchzogen sind und an den Flüssen und Seen keine Anglerhütte mehr auszumachen ist. Scheinbar leblos scheint diese Welt unter den Tragflächen zu sein, zumindest, wenn man nicht den erfahrenen und scharfen Blick unseres jungen Piloten hat. Wenn Greg seine ohnehin niedrig fliegende Maschine noch etwas tiefer zieht, dann hat er wieder etwas entdeckt: Die kleinen schwarzen Punkte am Flussufer entpuppen sich als Bärenbabys, zu denen auch zugleich Mutter Bär aus dem Unterholz herbeieilt, weil sich der knat-

ternde Flieger nähert. Das vermeintliche Treibholz in dem kleinen See erweist sich als das Haupt und die prächtigen Schaufeln eines schwimmenden *Moose*, eines Elches. Und aus dem Bächlein, an dem Biber gerade einen Damm errichten, wird an dieser Stelle wohl in wenigen Tagen ein kleiner See.

Ein etwas größerer See ist unsere Landebahn. Ein, zwei Minihüpfer auf dem Wasserspiegel, dann steuert Greg den fliegenden Biber auf das Ufer zu, ein kleiner Sandstreifen inmitten der Wälder. Beim Näherkommen wird ein schmaler, hölzerner Steg sichtbar – wir sind nicht die ersten Touristen hier. Aber Menschen werden wir erst wiedersehen, wenn Greg uns in einigen Tagen auf einem See knapp 100 Kilometer stromabwärts wieder aufpickt. Nun werden die drei Doppelsitzer-

Fortsetzung Seite 72

Die Company, die Kanada schuf

Drei Buchstaben stehen auf der Fahne – und für einen zentralen Teil der kanadischen Geschichte: HBC. Das Kürzel der *Hudson's Bay Company*, das von Kanadiern spöttisch als »Here Before Christ« gelesen wird. Nun, ganz so alt ist »The Bay« nicht, aber das Geburtsjahr 1670 ist auch nicht schlecht. Damals gab der englische König einer Gruppe Adeliger und Kaufleute einen *Charter* für eine Gesellschaft an der Hudson Bay, die das Monopol der Franzosen im profitablen Pelzhandel in Kanada brechen sollte. Der Company wurde eine riesige Landmasse rings um die gewaltige Bucht zugesprochen, ein Terrain, das einem Drittel Kanadas entspricht. Auch die mustergültige Organisation der HBC wurde zum wichtigen Baustein für den Staat Kanada, zumal sich ihr Einflussgebiet bis zum Pazifik und zum Arktischen Meer ausdehnte. HBC ist heute ein Warenhauskonzern, der allerdings inzwischen einem amerikanischen Investor gehört.

Kanus aus Aluminium von dem Schwimmern des Flugzeugs losgebunden, die Zelte, das Angelzeug und der Proviant sowie die Rucksäcke mit unseren paar Habseligkeiten entladen. Eine Woche Zivilisationsflucht beginnt – und schon nach fünf Tagen sind wir allesamt geradezu »fluchtsüchtig«.

Montréal – der »königliche Berg«

Natur im Überfluss ist fraglos das wichtigste Kapital Kanadas, aber in Québec und Ontario lässt sich das Naturerlebnis besonders gut verbinden mit urbaner Lebensweise, zwei Millionenstädten, einer Landeshauptstadt und einer der weltweit größten Touristenattraktionen – um ein paar Beispiele zu nennen. Die Millionenstädte sind natürlich Montréal und Toronto, die im Ausland erstaunlicherweise relativ unbekannte Hauptstadt ist Ottawa und die Attraktion sind die Niagara-Fälle.

Die nach dem Mont Royal, dem königlichen Berg, benannte Stadt liegt auf der knapp 500 Quadratkilometer großen Île de Montréal, der größten Insel im Hochelaga-Archipel an der Mündung des Ottawa River in den St.-Lorenz-Strom. Mit mehr als 1,7 Millionen Bewohnern ist dies die bevölkerungsreichste Inlandsinsel der Welt. Aber Montréal macht nichts aus seiner Insel nebst seinen weiteren 74 Inseln innerhalb der Stadtgrenzen (Stockholm hingegen nennt sich schon mit seinen 14 Inseln stolz »Venedig des Nordens«). Aus dem 233 Meter hohen Mont Royal und seinen beiden Nachbarhügeln hingegen hat die Stadt einen 190 Hektar großen Park anlegen lassen und damit Frederick Law Olmsted beauftragt, der auch New Yorks Central Park schuf. Immer wieder bieten sich auf der Höhe faszinierende Blickachsen auf die Stadt und ihr Wolkenkratzer-Stakkato im Finanzdistrikt. Das auffälligste Bauwerk auf dem Bergzug ist das L'Oratoire Saint-Joseph. 300 Stufen führen hinauf zu dem gewaltigen Kirchenbau mit seiner 97 Meter hohen Kuppel.

Fortsetzung Seite 78

Die »Illuminated Crowd« von Raymond Mason vor der McGill University ist die bekannteste Skulptur Montréals (linke Seite oben). Der Kuppelbau Marché Bonsecours, einst Rathaus, dann Markt- und heute Ausstellungshalle (oben), ist ein Monument des 19. Jahrhunderts. Die rue Saint Catherine (links) gilt als die populärste Einkaufsmeile Montréals, zumindest bei schönem Wetter. Anderenfalls findet das Shopping im kilometerlangen Untergrund statt.

Stausee gegen Fluglinien

Indianer in Québec

1

2

Eigentlich sollte man Kanada »Kanuda« nennen, denn die einfachen kleinen Boote haben das Wildnisland erschlossen. Davon zeugen die Exponate des Canadian Canoe Museum in Peterborough, Ontario (2), in dessen Mittelpunkt die Kanus aus Birkenrinde stehen. Die Materialien für diese Boote standen im Überfluss zur Verfügung: Holz und Äste für Skelett und Spanten, Borke für die Außenhaut. Birkenpech, das schon in der Steinzeit gewonnen und genutzt wurde, sorgte für die Abdichtung der Kanus. So entstanden einfach zu bauende und bei Stromschnellen leicht zu transportierende Konstruktionen. Die Forscher des Museums widmen sich auch anderen Aspekten indianischer Kultur (4). Beispiele kunstvoll verzierter Kanus aus Birkenrinde finden sich auch im Old Fort William in Thunder Bay, Ontario (1 und 3).

First Nations« nennt Kanada seine indianischen Ureinwohner, etwa 620 Stämme mit fast 570 000 Personen sind vom Staat anerkannt. Die große Mehrzahl der Stämme hat mehr oder minder große Reservate, viele Stammesangehörige leben aber außerhalb dieser Gebiete, die in der Regel zu wenig Arbeitsplätze bieten.

Die meisten Stämme und Reservate finden sich in British Columbia an der Westküste, die meisten Indianer leben allerdings im Osten des Landes, zwischen Ontario und der Atlantikküste. Allein Ontario zählt 160 000 Indianer, in der größten Provinz Kanadas, in Québec, siedeln zwar nur 65 000 Stammesangehörige, aber die First Nation der 13 000 Cree besitzt im subarktischen Norden des Landes ein

3

Stammesgebiet von rund 13 700 Quadratkilometern und dazu exklusive Jagd- und Fischereirechte auf 151 580 Quadratkilometern.

All das haben die Cree, gemeinsam mit den Inuit in Québec, mit der Provinzregierung von Québec und der Bundesregierung in Ottawa ausgehandelt, als beide in den 1960ern und 1970ern den Norden wirtschaftlich voranbringen woll-

ten. Das James Bay and Northern Québec Agreement von 1975, ein Meilenstein hinsichtlich der Ansprüche der Ureinwohner, gab den beiden indigenen Völkern 225 Millionen kanadische Dollar als Kompensation für Staudämme, die das Energie-Unternehmen Hydro-Québec an der James Bay, einer Nebenbucht der Hudson Bay, errichten durfte.

The Algonquin
Les Algonquins

From Mattawa to Montréal
De Mattawa à Montréal

4

Nach dem Vorbild der Inuit gründeten auch die Cree mit einem Teil ihrer Millionen eine Fluggesellschaft. Die Indianer wie die Inuit

hatten nämlich das Problem, dass viele ihrer Gemeinden ganzjährig nur über die Luft erreichbar sind. Dies konnten beide nun mit eige-

nen Fluglinien – Air Inuit und Air Creebec – sicherstellen. Die Cree gründeten ihr Unternehmen 1982 gemeinsam mit einer kleinen Privatlinie, 1988 übernahm der Stamm alle Anteile von ihr und seither fliegen die 18 Flugzeuge, derzeit überwiegend Turboprop-Maschinen, ein gutes Dutzend kleiner Orte rings um die James Bay an und bieten auch eine Verbindung nach Montréal. Andere Wirtschaftsunternehmen des Stammes betreiben beispielsweise auch Hotels und Restaurants in kleinen entlegenen Orten.

Die größte indianische Gruppe bilden die 19000 Mohawk, die in verschiedenen Reservaten leben und einst Teil der kriegerischen »Five Nations« (später »Six Nations«) der Irokesen-Sprachfamilie waren. Zum Sinnbild wurde »Der letzte

Mohikaner« nach einem im Jahr 1826 erschienenen Roman von James Fenimore Cooper aus dessen einst populärer »Lederstrumpf«-Reihe. Der Roman beschreibt den Untergang nordamerikanischer Indianerstämme durch vordringende europäische Siedler. Die Mohikaner im kanadischen Kahnawake-Reservat überleben hingegen mit einem rechtlich umstrittenen, bislang aber von allen Seiten geduldeten Geschäftsmodell: Sie vergeben Lizenzen für das Glücksspiel im Internet.

Ein anderer bekannter Indianerstamm in Québec und den Maritimes sind die Mi'kmaq, früher als Micmac bekannt. Sie hatten vermutlich wegen ihrer Siedlung am Rand des Meeres bzw. am St.-Lorenz-Strom als erste Kanadier Kontakt mit Europäern.

Nirgendwo ist Kanada so katholisch wie in Québec. Und nirgendwo zeigt sich das eindrucksvoller als in der Basilika Notre-Dame in Montréal (linke Seite). Das neugotische Gebäude entstand von 1824 bis 1829. Ungewöhnlich sind die Kirchenfenster, die nicht, wie üblich, biblische Szenen darstellen, sondern Ereignisse aus der religiösen Geschichte der Stadt. In Bronze blickt Lester B. Pearson, 1963 bis 1968 Prime Minister von Kanada und Friedensnobelpreisträger, auf die Hauptstadt Ottawa (oben). In der National Gallery in Ottawa gehen die Blicke indes nach oben, zur kunstvollen Deckengestaltung der Great Hall (unten).

Bei St. Jacobs in Ontario leben viele Mennoniten, ihre Agrarprodukte (rechts) sind sehr geschätzt. Ansonsten fallen sie höchstens auf, wenn sie per Kutsche eine Ausfahrt machen (unten), Autos sind bei ihnen verpönt. Selten sind in Ontario die Verkaufsfenster geworden, an denen man Leckereien erstehen kann, wie hier in Stratford (Mitte). Ein optischer Leckerbissen ist die Aussicht vom CN-Tower in Toronto, der auch einen Glasboden für den senkrechten Blick nach unten bietet. Wer mag, kann sich im Freien auf dem Turmkorb bewegen, angeschnallt, versteht sich (rechte Seite).

Die größere der beiden Orgeln, vom Hamburger Rudolf von Beckerath gefertigt und 1960 eingebaut, gilt als eine der besten der Welt. Auch das Gotteshaus insgesamt ist Weltklasse und mit Raum für 10 000 Gläubige eines der größten der Welt. Auch ansonsten mangelt es nicht an sakraler Architektur. Mark Twain (1835–1910) knurrte, in Montréal sei er zum ersten Mal in einer Stadt gewesen, »in der man keinen Ziegelstein werfen kann, ohne ein Kirchenfenster einzuschmeißen«.

Montréal hat bislang zwei internationale Sternstunden erlebt: die Weltausstellung »Expo 67« und die Olympischen Spiele im Sommer 1976. Letztere hinterließen eine Touristenattraktion: das Olympiastadion mit seinem kühnen schrägen Turm, an dem eine kleine Bahn zum Aussichtspunkt hinauffährt. Unsere Lieblingsorte sind aber im Winter

die elf Kilometer langen unterirdischen Einkaufs- und Restaurant-Passagen und im Sommer der Botanische Garten und die historische Altstadt – Letztere vor allem nach der Hauptsaison und nach Abfahrt der Tagestouristen.

Dies gilt übrigens auch für Québecs touristisches Juwel, das historische Quartier (Vieux-Québec) der Provinzhauptstadt Québec City von 1608. Die einzige Stadt nördlich von Mexiko, die noch intakte Stadtmauern besitzt, wird überragt vom Chateau de Frontenac. Repräsentative Bauten des schmucken, sehr »europäischen« Quartiers sind das Provinzparlament und Notre-Dame, die erste Basilika in der »Neuen Welt«. Eisenbahn-Fans wird der wie ein Schlösschen wirkende Bahnhof entzücken.

Ottawas Bahnhof ist hingegen ein moderner Bau von 1966, der mehrere Architekturpreise erhielt. Wer die klassische, tempelartige nordamerikanische Bahnhofsbauart sucht, wird in der City fündig. Die Union Station von 1912 dient heute aber nur noch als Konferenzzentrum, nachdem die Gleise entlang des Rideau Canal verlegt wurden und die Wasserstraße nun ungetrübtes Freizeit-Vergnügen garantieren kann, im Sommer für Wassersportler, im Winter als »längste Eisbahn der Welt« (7,8 Kilometer). Der 202 Kilometer lange Kanal – eine UNESCO Welterbestätte – verbindet Kanadas Hauptstadt mit Kingston am Lake Ontario. Von der Kanalbrücke am alten Bahnhof sind es nur einige Schritte zu Ottawas Hauptattraktion, den mächtigen neogotischen Parlamentsgebäuden auf einer Klippe über dem Ottawa River. Der ursprüngliche

Bau brannte 1916 nieder bis auf die markante, vom Fluss gut sichtbare Bibliothek. Alles überragt der gut 92 Meter hohe Peace Tower, dessen Aussichtsplattform Besuchern gratis offensteht. Kostenlos sind überdies die täglichen Führungen durch den Komplex und im Sommer die Wachwechsel sowie nächtens eine Bild- und Tonschau auf der Fassade des Hauptbaus. Besonderer Höhepunkt sind die Programme zum Canada Day, dem Nationalfeiertag am 1. Juli. Auch Gatineaus Ortsteil Hull auf dem anderen Flussufer – und somit in Québec – trägt zu den touristischen Reizen der Kapitale bei mit seinem Canadian Museum of History, das sowohl den Ureinwohnern als auch Kanadas Geschichte gewidmet ist und, wohl auch dank seines 3-D-Kinos, Kanadas meistbesuchtes Museum ist.

Schimmernde und donnernde Wasser

Ottawas Peace Tower mit seinen 92 Metern ist gegen den 553 Meter hohen CN Tower in Toronto mit Drehrestaurant und Aussichtsebenen nur ein kleiner Stift. Die untere Ebene hat einen gläsernen Boden wie auch einen Außenaufzug. Auf 356 Metern kann man mit einem Sicherungsseil einen Rundgang auf dem offenen Dach des Restaurants unternehmen. Der Turm, bis 2007 das höchste Gebäude der Welt, bietet an klaren Tagen bis zu 120 Kilometer freie Sicht, etwa bis zur Gischt der Niagara-Fälle. Der Turm zählt jährlich rund zwei Millionen Besucher, anteilig profitieren davon auch große Sammlungen wie das Royal Ontario Museum und die Art Gallery of Ontario, aber auch Spezialkollektionen wie das Bata-Schuhmuseum mit mehr als 10 000 Paaren aus aller Welt oder das gewiss kanadischste aller Museen, die Hockey Hall of Fame. Die Eishockey-Ruhmeshalle erlaubt es, seine Torgefährlichkeit gegen virtuelle Torhüter zu erproben oder sich mit der Trophäe aller Trophäen, dem Stanley Cup, fotografieren zu lassen.

Toronto ist die Hauptstadt der Provinz Ontario und, nicht zuletzt dank des internationalen Flughafens, auch ihr touristisches Zentrum. Davon profitieren die Regionen und Sehenswürdigkeiten Ontarios naturgemäß in besonderem Maß. Die etwas weiter entfernten Ziele sind zwar außerhalb der Provinz weniger bekannt, aber durchaus Entdeckungen. Beispiele sind für Theaterfreunde das Shakespeare-Festival in Stratford oder das Shaw-Festival in Niagara-on-the-Lake. Indianische Kultur ist ein Wahrzeichen auf Manitoulin Island im Lake Huron, mit 2766 Quadratkilometern die größte Süßwasserinsel der Welt. Bis 1962 konnten sich nur Indianer auf der Insel niederlassen, bis heute sind rund 40 Prozent aller Bewohner Stammesangehörige. Wasaga Beach an der Georgian Bay ist mit 14 Kilometern Länge der größte Süßwasserstrand der Welt. Im Norden Ontarios offeriert das Polar Bear Habitat die Möglichkeit, mit Eisbären zu schwimmen – getrennt durch eine starke Glasplatte. Das Zentrum zieht beispielsweise verwaiste Eisbären auf oder pflegt verletzte Tiere. In Sault Ste. Marie startet die Algoma Central Railway zu Tagestouren in den Agawa Canyon, die im Sommer und vor allem zur herbstlichen Laubfärbung attraktiv sind.

Doch zurück nach Toronto. Vor der Stadt liegen einige Inseln im Ontario-See, die von Touristen und *Torontonians* gerne zu Picknick-Trips

Große Zahlen in Toronto: Der CN Tower (linke Seite), mit 553 Metern bis 2007 der höchste Bau der Welt, zählt jährlich zwei Millionen Besucher. Das Royal Ontario Museum (ROM), eine klassische Sammlung (oben) mit einem modernen Anbau von Daniel Libeskind (Mitte), kommt auf mehr als eine Million Gäste. Der Kensington Market zählt seine Besucher nicht, aber es sind fraglos mehrere Millionen Menschen im Jahr (unten).

Die Niagara-Fälle sind Kanadas größte Touristenattraktion, aber das Land muss sie sich mit den US-Nachbarn teilen. So sehen die American Falls aus (oben), im Hintergrund die kanadischen Horseshoe Falls. Wer sich mit Touristenschiffchen in die Gischt begibt, erhält einen Plastikumhang (unten). Das Foto mit dem Schiff aus der berühmten »Maid of the Mist«-Flotte (rechte Seite oben) ist inzwischen ein historisches Zeugnis: Die seit 1846 aktive Reederei tuckert nur noch mit US-Banner zu den Fällen. Auch der Niagara-Schaum vor den Fällen ist in US-Besitz (rechte Seite unten).

genutzt werden. Aber für »richtige« Eiland-Ferien reisen die Hauptstädter bevorzugt ins Archipel der »1000 Islands« am Ausfluss des Sees in den St.-Lorenz-Strom. Die Upper Class strebt zu ihren Ferienhäusern auf den exakt 1864 Inseln beiderseits der Grenze zwischen Kanada und den USA, Normalsterbliche erkunden das Inselgewirr meist nur von der Reling der Ausflugsdampfer, da die meisten Inseln in Privatbesitz sind. Immerhin, ihnen bleibt der St. Lawrence Islands National Park, mit 3,5 Quadratkilometern der kleinste Nationalpark. Seine 23 Inseln sind öffentlich zugänglich. Die Wanderer und Camper, vor allem aber die Kanuten zieht es in den Algonquin Provincial Park, das »letzte Stück Wildnis in Südontario«. Die rund 7,5 Quadratkilometer sind gleichsam marmoriert von Seen und Flussläufen und machen dem Namen »Ontario« – dem indianischen Wort für »schimmerndes Wasser« – alle Ehre.

»Donnernde Wasser« ist die Übersetzung für »Niagara«, Ontarios größte Touristenattraktion: Die Niagara-Fälle ziehen jährlich rund zwölf Millionen Besucher an. Vom Volumen her ist Niagara der größte Was-

serfall der Welt: Auf der amerikanischen Seite der Katarakte rauschen im Jahresdurchschnitt pro Minute 34 Millionen Liter Wasser über die 305 Meter breite Felskante. Der noch spektakulärere halbrunde »Hufeisenfall« auf der kanadischen Seite des Naturspektakels ist 54 Meter hoch und 675 Meter breit, hier stürzen pro Minute 138 Millionen zu Tal. Nachts wird ein großer Teil des Wassers über Kraftwerksturbinen umgeleitet. Charles Dickens (1812–1870) war bei seinem Besuch beeindruckt: »Ich fühlte den Boden unter meinen Füßen erzittern.« Als der britische Poet dies 1842 notierte, waren die Fälle längst vom internationalen Tourismus entdeckt – wie auch von Artisten und Abenteurern, die die schäumenden Fluten möglichst schlagzeilenträchtig überqueren wollten, sei es auf einem Seil, sei es in einem ausgepolsterten Fass. Der Erste, der einen Drahtseilakt über dem Wasser zelebrierte, war 1859 der damals weltberühmte Franzose Charles Blondin (1824–1897). Er überquerte die Niagara-Fälle danach mehrfach, sogar mit einem Mann im Huckepack. Die erste Person, die in einem Eichenholzfass durch den

tobenden Wasserfall taumelte und überlebte, war Annie Edson Taylor (1838–1921), die 1901, an ihrem 63. Geburtstag, auf den kurzen, aber gefährlichen Trip ging. Die ehemalige Lehrerin wollte so ihren Lebensabend finanziell absichern, was aber misslang.

Rings um die Fälle und die nahe historische Kleinstadt Niagara-on-the-Lake hat sich seit dem 19. Jahrhundert ein gewaltiger Touristenrummel entwickelt. Die beiden Städte Niagara Falls (amerikanisch und kanadisch) rühmen sich als *Honeymoon Capital of the World*, seit Napoleons Bruder Jérôme 1804 mit seiner amerikanischen Frau Flitterwochen an den Fällen verlebte. Seither reisen jährlich Hunderttausende frisch getrauter Paare an, um in Hotelzimmern mit herzförmigen Whirlpools, Champagner für den Morgen danach und Honigmond-Zertifikat vom Bürgermeister die fortan legale Zweisamkeit zu beginnen. Kommentar des Spötters Oscar Wilde (1854–1900) dazu: »Die Niagara-Fälle müssen die zweite größere Enttäuschung des amerikanischen Ehelebens sein.«

Mit Hochseeschiffen tief ins Land

Der Sankt-Lorenz-Seeweg

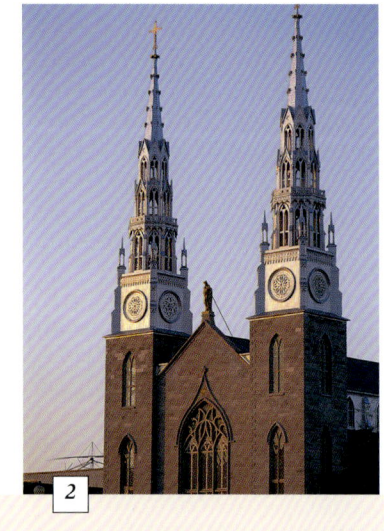

1

2

3

Die Piers von Kingston, Ontario, dienen heute gleichermaßen Frachtern, die auf dem St. Lawrence Seaway unterwegs sind, wie Ausflugsbooten ins Archipel der »1000 Islands« (1). Abstecher vom Seaway: die Basilika Notre Dame in Ottawa (2). Blaue Stunde auf der Promenade von Kingston (3). Hochsee-Alternative zum St. Lawrence: Die Fähre von Nova Scotia läuft ein in Port aux Basques, Neufundland (4).»Pleasure Boats« in Kingston (5). Lokale Fähre im Lake Ontario in Toronto (6). Eine Schleuse am Trend-Severn Waterway, der am Lake Ontario beginnt und Freizeitbooten eine 386 Kilometer lange Fahrt durch Süd-Ontario ermöglicht (7).

Seite 86/87:
Städtische Inseln: der Toronto Island Park im Lake Ontario.

O snabruck« musste untergehen für das bis dato größte gemeinsame Werk der Ingenieurskunst der Nachbarn Kanada und USA, den St. Lawrence Seaway. Der längste Inlandswasserweg, der von Hochseeschiffen befahren werden kann, wurde im Jahr 1959 von Queen Elizabeth II., dem kanadischen Staatsoberhaupt, und dem US-Präsidenten Dwight D. Eisenhower eröffnet: rund 3790 Kilometer von Anticosti Island in der Mündung des St.-Lorenz-Stroms in den St.-Lorenz-Golf des Atlantiks bis zum oberen Ende des Lake Superior. Der Namenspate des Seaway fließt nur auf einem Drittel dieser Strecke, auf den 1240 Kilometern vom Ausgang des Lake Ontario in den Atlantik. Prägender für die Route sind die Great Lakes, die es erlau-

4

ben, mit Seeschiffen so tief in das Innere von Nordamerika vorzudringen: »stromaufwärts« sind dies Ontario-, Erie-, Huron-, Michigan- und Oberer See; auf der Route wird auch der kleinere Lake St. Clair durchmessen. Der entlegenste »Atlantikhafen« ist Duluth in Minnesota, weitere wichtige Städte und Häfen sind »stromabwärts«

in den USA Chicago, die »deutsche« Bier-Metropole Milwaukee, Chicago, Detroit, Cleveland sowie Buffalo und Rochester, beide im Staat New York. Am kanadischen Ufer liegen Sault St. Marie, Hamilton, Kingston, Toronto, Montréal und Québec City.

Auf dem gesamten System aus Seen, Flussläufen, Kanälen und

7

5

6

Schleusen werden jährlich etwa 44 Millionen Tonnen Fracht transportiert, fast die Hälfte davon sind Eisenerz, Kohle, und andere Bergbauprodukte, Getreide macht mehr als 25 Prozent aus. Die Handelswege gehen von hier vornehmlich über den Atlantik. Die Frachtschiffe können bis zu 225 Meter lang und knapp 24 Meter breit sein, der

Tiefgang darf maximal 8,20 Meter betragen – diese Maße geben die insgesamt 16 Schleusen vor, die rund 170 Meter Höhenunterschied bewältigen. Acht dieser Schleusen liegen im 43 Kilometer langen Welland-Kanal zwischen den Seen Erie und Ontario, mit dem die Schiffe knapp 100 Meter Höhenunterschied und die Felsenstufe über-

winden, die ganz in der Nähe die Niagara-Fälle bildet. An dieser Kante bieten drei unmittelbar hintereinander liegende Schleusen eine spektakuläre Treppe.

Die Großen Seen sind kein ungefährliches Gebiet, davon zeugen auch zahlreiche Wracks. Das Great Lakes Shipwreck Museum am Leuchtfeuer von Whitefish Point

im US-Staat Michigan schätzt, dass etwa 6000 Schiffe auf den Seen verloren gingen und dabei rund 30 000 Menschen ums Leben kamen. Das letzte Unglück geschah 1975, als die SS »Edmund Fitzgerald« im Sturm unterging. Und Osnabruck? Es fiel ebenfalls einem Untergang zum Opfer, allerdings zu Lande. Der Ort, der heute South Stormont heißt, gehörte zu den Lost Villages, den zehn Gemeinden an der Küste von Ontario, die beim Bau des Seaway geflutet wurden. Sollte dies der Abschied von einem Städtchen sein, das von ausgewanderten Osnabrückern gegründet worden war? Nein, der Name sollte Prinz Frederick, einen Sohn des englischen Königs George III., ehren, der unter anderem den Titel eines Prinz-Bischofs von Osnabrück trug.

Wogende Getreidefelder

Die Prärieprovinzen Manitoba und Saskatchewan

Endlose Weizenfelder im Süden Saskatchewans (oben). Kanada ist einer der weltgrößten Weizenproduzenten. 45 Prozent der Ernten stammen von hier, weshalb die Nummernschilder auch drei Weizenähren tragen (unten). Häuptling Jeff Sanders lädt ein (rechte Seite): Zu den Pow Wows im Stammesgebiet von Warm Springs in Oregon reisen wegen der Grenznähe auch viele Besucher aus Kanada an.

Sie werden »Kathedralen der Prärie« genannt, die Getreidesilos, die aus der Ebene und ihren bis zum Horizont reichenden Weizenfeldern herausragen wie Kirchtürme. Beinahe immer stehen diese Prärie-Ikonen an Bahngleisen, meist in Gruppen. Der Bahntransport war auch der Anlass für den Bau der hochragenden Speicher. Weil das sackweise Beladen der Güterzüge zu lange dauerte, vergaben die Bahngesellschaften mietfreie Stellplätze und drängten auf den Bau der *grain elevators* (Getreideaufzüge), an einer Stelle möglichst mehrere nebeneinander, *rows* genannt. Für die Lager- und Ladetürme gab es verschiedene technische Systeme, im Prinzip wurden Weizen & Co über Bänder, die mit Schaufelschalen bestückt waren, hoch in den Lagerturm transportiert, um von dort über Rohrleitungen in die Bahnwaggons zu rutschen.

Da aber immer mehr Farmer ihre Ernten direkt zu zentralen Sammelstellen transportieren, werden die Silos zunehmend überflüssig. Viele dieser Turmbauten verrotten, andere wurden schon abgerissen. Der *National Film Board of Canada* ließ dazu eine Dokumentation drehen: »Death of a Skyline«. Angeblich soll es in Manitoba und Alberta nur noch zwei Rows geben: Manitoba hat fünf Silos in Inglis renoviert und als »nationale historische Stätte« unter Denkmalschutz gestellt. Andere Dörfer wollen zumindest einen Grain Elevator erhalten, oft mangelt es aber am Geld.

Kanadas Präriestaaten Manitoba, Saskatchewan und Alberta gehören zu den großen Getreidelieferanten der Welt. Die Anbauflächen liegen im Süden der Provinzen, auf dem fruchtbaren Prärieboden. Einst wuchs dort fast nur Gras, von dem riesige Büffelherden lebten, die wiederum die Lebensgrundlage der Prärie-Indianer bildeten. Diese Lebensweise fand ihr Ende, als Bahngleise von Osten her die Ebene und die Hügellandschaft durchquerten. Die Bahngesellschaften boten entlang ihrer Strecken günstige landwirtschaftliche Grundstücke an, um sich eine Transport-Kundschaft aufzubauen. Es gab und gibt zwar auch

Viehzucht in der Prärie, aber die meisten Siedler konzentrierten sich auf den Getreideanbau. Deshalb trifft man allenthalben auch auf ukrainische Kirchen und Clubs, denn die Einwanderer aus Osteuropa waren vertraut mit dem großflächigen Anbau.

Pelzhandel und Rebellen: Manitoba

»Manitoba kann man als Schlussstein jenes mächtigen Bogens aus verschwisterten Provinzen ansehen, der den Kontinent vom Atlantik bis zum Pazifik überspannt«, sagte 1877 der Governor General of Canada, der Earl of Dufferin, bei einem Besuch der Provinzhauptstadt Winnipeg. Der Repräsentant der Queen lobte Manitoba, weil es 1870 dem kanadischen Dominion beigetreten war. Damit endete eine Entwicklung, die in dieser Provinz ganz anders verlaufen war als in allen anderen östlich der Rocky Mountains. Während ansonsten die Besiedlung Kanadas immer vom Atlantik her über den St.-Lawrence-Strom und die Großen Seen verlaufen war, kamen in Manitoba die europäischen Siedler vom Norden her ins Land.

Die geschriebene Geschichte des Landes begann 1610 mit der Entdeckung der nach Henry Hudson (1565–1611) benannten Bucht – sie ist von der Größe her eher ein Nebenmeer – hoch im Norden. Der Entdecker Hudson und seine Nachfolger starteten mit den Indianern einen überaus profitablen Pelzhandel. Daraus entstand die mächtige *Hudson's Bay Company*. Weil es an der Bay immer wieder zu kriegerischen Auseinandersetzungen mit den Franzosen kam, schickte Neu-Frankreich vier Edelmänner auf dem Landweg gen Westen, um den Pelzhandel abzusichern. Sein

»Pronghorn Antelopes« (oben) zählen biologisch zu den Gabelböcken. Sie sind in allen nordamerikanischen Präriestaaten und darüber hinaus verbreitet. Der Handel mit Wildpelzen, der Kanada einst Wohlstand bescherte, ist heute fast nur noch Museumsthema, etwa im Old Fort Williams in Thunder Bay, Ontario (Mitte). Auch dem Präriehasen, Marke Mountain Cottontail (unten), will heute niemand mehr ans Fell, aber als Bereicherung der Speisekarte sind die auch in den Rockies heimischen Hoppler geschätzt.

Ziel, den Pazifik, erreichte das Quartett zwar nie, aber sie stießen auf den Zusammenfluss von Red River und Assiniboine, wo sie ein kleines Fort errichten ließen – die Keimzelle des heutigen Winnipeg. Dort erlebte Kanada seine erste und bislang einzige Revolution: Die Métis, damals die Mehrheit der Bevölkerung in der Region, befürchteten Nachteile, nachdem die kanadische Regierung der *Hudson's Bay Company* ihre Ländereien verkauft hatte. Unter ihrem Führer Louis Riel (1844–1885) begannen sie eine Rebellion, die von der Regierung mit Militär niedergeschlagen wurde. Mit der Marschroute der Truppen war auch die erste Straße vom Osten nach Winnipeg angelegt, so konnte die erste größere Stadt der Prärie wachsen.

In Winnipeg und seinen Vororten leben heute rund 750 000 der gut 1,2 Millionen Manitobans. Diese verteilen sich auf knapp 650 000 Quadratkilometer, also statistisch 2,2 Menschen pro Quadratkilometer, was

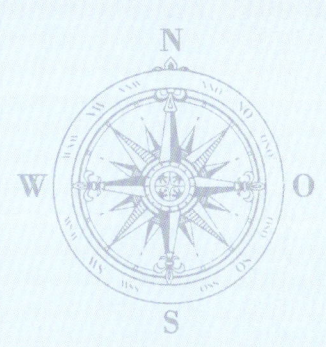

Zum Pow Wow, einem indianischen Treffen am Duck Lake in Saskatchewan, hat der Tänzer vom Stamm der Cree sein wertvolles traditionelles Outfit angelegt (ganz oben). Ein Denkmal im Wood Mountain Regional Park in Saskatchewan erinnert an den legendären Häuptling Sitting Bull (oben). Zu Zeiten des »sitzenden Bullen« war man in den Wäldern auf Wasserwege angewiesen, heute nutzen Kajakfahrer wie diese Sportlerin auf dem Whirlpool Lake im Riding Mountain National Park in Manitoba ihre Boote nur noch zum Vergnügen (links).

Die Esplanade Riel, eine futuristi-
sche Fußgängerbrücke, ist seit 2003
Winnipegs jüngstes Wahrzeichen
(oben). Am Fuß des Brückenmastes
befindet sich – einmalig für Nordamerika – ein Restaurant. Das
traditionelle Symbol der Stadt
bleibt hingen der gut fünf Meter
hohe »Golden Boy«, eine Statue auf
der Kuppel des Parlaments von
Manitoba (rechts). Winter in
Winnipeg: Der Red River ist weiß,
weil zugefroren, und seine Eisfläche
wird von Hockey-Cracks genutzt –
typisch Kanada (rechte Seite).

zeigt, wie dünn die Provinz außerhalb der Hauptstadt besiedelt ist.
Deshalb merkt man der Stadt auch nicht an, dass sie das Zentrum einer
vorwiegend landwirtschaftlichen Provinz ist. Dazu muss man ins zu
Recht gerühmte Manitoba Museum gehen, das in seinen Dioramen
Manitoba im Wortsinn sehr bildhaft vorstellt. Außerhalb des Museums
ist der Stadt ihr historischer Stolz nicht weniger anzumerken. Der von
Bauten aus der Zeit um die Jahrhundertwende gesäumte Old Market
Square wurde mit viel Aufwand wieder hergerichtet und ist heute
wegen seiner Restaurants und schmucken Geschäfte ein von Freiberuf-
lern und Künstlern geschätztes Quartier. In Grant's Old Mill, dem Nachbau einer Getreidemühle von 1829, wird wie einst aus Weizen Mehl
gemahlen. Jenseits des Flusses liegt St. Boniface, das Zentrum der fran-

zösischsprachigen Manitobans. Der Stadtteil ist nach dem Apostel der Deutschen benannt, weil sich hier einst zahlreiche deutsche Söldner im Dienst der *Hudson's Bay Company* niedergelassen haben.

Ein »deutsches« Ereignis ganz anderer Art erlebte Winnipeg am 19. Februar 1942, am *If Day*. An dem Tag sollten die Bürger spüren, wie es wäre, wenn Nationalsozialisten das Kommando übernähmen: Freiwillige in deutschen Uniformen führten ein Feuergefecht gegen kanadische Truppen, die in Winnipeg stationiert waren. Die »Nazi-Soldaten« nahmen die Stadt ein, internierten führende Politiker einschließlich des Premiers, nannten Winnipeg um in »Himmlerstadt«, verbrannten Bücher aus der Bibliothek und über Lower Fort Garry wehte die Hakenkreuzflagge. Um 17.30 Uhr endete die »Nazi-Herrschaft«. Die Aktion

sollte den Verkauf von Kriegsanleihen (Victory Bonds) fördern – allein an diesem Tag wurden in Winnipeg Papiere für mehr als drei Millionen Dollar gezeichnet.

Kanadas achtgrößte Stadt wird kulturell geprägt von seinem international gerühmten Ballett und architektonisch charakterisiert von seinem Parlament, dem Legislative Building, über dessen Zentrum ein säulengestützter Kuppelturm aufragt. Auf der Spitze balanciert ein massiver Junge, das Wahrzeichen Winnipegs. Der fünf Tonnen schwere *Golden Boy* blickt nach Norden, in das »Land der 1000 Seen« – eine gewaltige Untertreibung, denn die ungezählten Gewässer dürften sich auf eine hohe sechsstellige Ziffer summieren – nicht mitgerechnet natürlich die Hudson Bay, Kanadas einziger Seehafen. Er ist allerdings nur vier bis fünf Monate im Jahr eisfrei. Wenn die Bay zufriert, erlebt die kleine Stadt ihren touristischen Höhepunkt. Dann wird sie zur »Eisbären-Hauptstadt der Welt«. Ein zahlenmäßig kleiner, aber fürs Image sehr wichtiger Beitrag zu den gut zehn Millionen Touristen, die Manitoba jährlich verzeichnet. Schließlich müssen sich Manitobas Urlauber immer noch mit dem Vorurteil plagen, das ein kanadischer Reiseführer 1882 so formulierte: »Das Klima in Manitoba besteht aus sieben Monaten arktischen und fünf Monaten kalten Wetters.« Da ist zwar was dran, weil die Stadt von keinerlei Bergen gegen klimatische Überfälle aus der Arktis geschützt ist. Aber im Sommer liegen die Temperaturen meist über 25 Grad. Der Rekordwert von 42,2 Grad reicht allerdings schon acht Jahrzehnte zurück.

Der Herr sagte: »Es werde Weizen«

Manitobas Prärienachbar Saskatchewan, oft nur kurz *Sask* genannt, »lebt« in derselben Klimazone mit bitterkalten, schneereichen Wintern und warmen, trockenen Sommern. Die Provinz hat es sogar auf einen Rekord gebracht, nämlich Kanadas höchste jemals gemessene Temperatur: Midale und Yellow Grass verzeichneten am 5. Juli 1937 exakt

Weiße Fauna:
Bären & Belugas

Ein Knast für Eisbären – damit dürfte Churchill einzigartig sein in der Welt. Aber das ist auch passend in der *Polar Bear Capital of the World*, wo die weißen Riesen durch die Straßen trotten, vor allem im Oktober und Anfang November, wenn sie die 900 Einwohner zahlenmäßig übertreffen können. Dann wartet *Ursus maritimus* auf das Zufrieren der Hudson Bay, um auf dem Eis seine Hauptnahrung, Robben, zu jagen. In den Wochen zuvor sind vor allem marodierende Jungtiere eine Plage. Sie werden per Betäubungsschuss in besagten Knast gebracht, wo sie einige Tage bei Wasser und ohne Futter verbringen, ehe sie aus der Stadt gebracht werden. Mit hochrädrigen Tundra-Buggies gehen die Touristen auf Eisbär-Safaris, ein einmaliges Spektakel. Aber auch im Sommer hat der Ort Besonderes zu bieten: Dann sammeln sich Tausende weißer Beluga-Wale vor der Mündung des warmen Churchill River – Churchill ganz in Weiß.

45 Grad. Und: Saskatchewan hat jährlich mehr Sonnenstunden als alle anderen Provinzen vorzuweisen. Nur mit solch konzentriertem Sommer können die Prärieregionen, die oft nur 120 frostfreie Tage im Jahr haben, die gewaltigen Weizenernten einfahren, für die sie so berühmt sind, dass der kanadische Humorist Stephen Leacock (1869–1944) feststellen konnte: »Der Herr sagte: ›Es werde Weizen‹, und Saskatchewan war geboren.« Zur Sonne kam das notwendige Wasser: Der Kisiskatchewan, indianisch für »eilig strömendes Wasser«, bringt zuverlässig Nachschub aus den Rocky Mountains. Der Fluss, der heute auch Saskatchewan genannt wird, wurde zum Namenspaten der Provinz. Sein Stromsystem, das insgesamt länger ist als der St.-Lawrence-Strom, mündet in den Lake Winnipeg.

Zu den Geburtshelfern der neuen Provinz gehörte die Truppe der North West Mounted Police, die hier im wirklich noch wilden Westen dem Gesetz Geltung verschuf. Unter ihrem späteren Namen Royal

Canadian Mounted Police (RCMP) wurde die »Force« zu einer der berühmtesten Polizeitruppen der Welt (s. S. 104). 1882 verlagerten die Polizisten ihr Hauptquartier aus der Prärie an die Bahngleise in einen Ort, dessen indianischer Name Wascana »ein Haufen Knochen« bedeutet. Kein wirklich repräsentativer Name für die junge Hauptstadt der *Northwest Territories*. Prinzessin Louise, die Gattin des damaligen Governor General, gab deshalb der Stadt zu Ehren ihrer Mutter, Queen Victoria, den Namen Regina (lateinisch für Königin). Aber ein schöner Name macht noch keine schöne Stadt, besonders, wenn sie in einer flachen, baumlosen Steppe liegt. Auch hier verdienen die Polizisten Dank: Sie pflanzten Hunderte von Bäumen, davon profitiert Regina bis heute.

Als das RCMP-Hauptquartier 1920 von Regina nach Ottawa verlegt wurde, war dies ein schwerer Schlag für die Stadt und die Provinz – die sich ohnehin etwas im Abseits fühlen. »Jeder fliegt über uns hinweg«, klagte ein Touristenberater in Regina, »kaum einer landet hier, um sich

Fortsetzung Seite 100

Wo Grenzen überschritten werden: Cypress Hills ist der einzige Inter-provincial Park Kanadas, teils in Saskatchewan, teils in Alberta gelegen (linke Seite). Raps, soweit das Auge reicht: Kanada gehört zu den weltweit größten Exporteuren (oben). Wo Paarlauf auf Schotter stattfindet: Passanten auf einer Gravel Road bei Tuxford in Saskatchewan (links).

S. 96/97:
Kayaking im Riding Mountain National Park in Manitoba.

8000 Kilometer von Ozean zu Ozean

Der Trans-Canada Highway

1

2

3

Trucks auf dem Trans-Canada Highway (1). Touristen führt das transkontinentale Asphaltband zu fast allen Sehenswürdigkeiten in Kanadas Süden, etwa zum historischen Uhrenturm in Halifax (2). Seine Höhepunkte erreicht der Highway im übertragenen wie im wörtlichen Sinn in den Rockies wie hier im Jasper National Park (3). Ihren Anfang (oder ihr Ende) nimmt die – oft als TCH abgekürzte – Fernstraße unweit der bunten Häuser in Neufundlands Hauptstadt St. John's (4). Auch viele Biker wie diese Gruppe am Bonavista-Leuchtturm in Neufundland nehmen die Piste gerne unter ihre Räder (5). Als die Confederation Bridge zwischen Prince Edward Island und dem Festland 1997 eröffnet wurde, waren erstmals alle Provinzen direkt an den TCH angebunden (6). Jenseits des Kontinents beweist die Region um den Dease Lake in British Columbia, dass auch der Westen mit seinem Indian Summer prunken kann (7).

Bei Null fangen sie alle an, die großen Fernstraßen dieser Welt. Aber der Trans-Canada Highway (TCH) dürfte die einzige Straße sein, die auch bei Null endet. *Mile 0* ist der Startort in St. John's auf der Insel Neufundland. Und wenn nach gut 8000 transkontinentalen Kilometern Victoria auf Vancouver Island erreicht ist, steht auf dem großen Schild in dem kleinen Park ebenfalls *Mile 0*. Und dennoch ist die Straße vom Atlantik zum Pazifik gewiss keine Nullnummer. Wer auf dieser Route, die in beide Richtungen ab Null gezählt wird, reist, durchquert alle zehn Provinzen. Auf der Strecke liegen fast alle Metropolen und Provinzhauptstädte des Landes: Fredericton in New Brunswick, Charlottetown auf Prince Edward

4

Island, Québec City, die zweitgrößte Stadt, Montréal, die Bundeshauptstadt Ottawa, Winnipeg, Regina, Edmonton, Calgary und schließlich Vancouver.

Zwei wichtige Reiseziele liegen abseits der Strecke: das geschichtsträchtige Halifax, die Kapitale von Nova Scotia, und die größte Stadt des Landes, Toronto. Für beide empfiehlt sich ein Abstecher. Und von Toronto ist es auch nicht weit zu den Niagara-Fällen, denn auch Kanadas bekannteste Touristen-

6

7

5

attraktion liegt abseits des TCH – das gibt Punktabzug für die Straßenplaner, die 1950 mit dem Bau begannen. Die Politiker eröffneten 1962 den Highway. 1971 war er denn auch fertiggestellt, entsprechend der Vorschrift durchgehend asphaltiert, mindestens zweispurig, und überall herrscht, wenn nichts anderes angegeben ist, ein Tempolimit von 90 km/h. Fast auf der gesamten Strecke gibt es mindestens eine Alternativroute, in Ontario sind es sogar zwei. Hinter Winnipeg teilt sich die Straße: Die Nordtrasse führt via Edmonton nach Prince Rupert an der Pazifikküste unweit der Grenze zu Alaska, die Hauptroute verläuft weiter südlich über Calgary und Vancouver bis nach Victoria. Einschließlich dieser Parallelstraßen firmieren rund 12 800 Straßenkilometer als Trans-Canada Highway. Die letzten Etappen auf dem Weg nach Westen sind auf beiden Routen die landschaftlich spektakulärsten, denn sie führen durch die Rocky Mountains.

Der Trans-Canada Highway lässt sich komfortabel befahren, Staus gibt es in der Regel nur im Einzugsbereich von Städten – und in der sommerlichen Hochsaison. In diesen Wochen ist es auch zu empfehlen, die geplanten Nachtquartiere im Voraus zu buchen. Insgesamt mangelt es aber nicht an Unterkünften in verschiedenen Preisklassen, auch Tankstellen säumen den Highway in ausreichender Zahl.

Ein Abschnitt der Fernstaße bei Thunder Bay trägt den Namen Terry Fox Highway of Courage und erinnert damit an den krebskranken Athleten, der 1980 mit einer Beinprothese zu einem Lauf quer durch sein Land aufbrach, um Spenden für die Krebsforschung zu sammeln. Nach 143 Tagen und 5373 Kilometern musste Fox seinen Lauf bei Thunder Bay abbrechen, er starb wenig später im Alter von 22 Jahren und gilt als Nationalheld. Die Aktion brachte einen zweistelligen Millionenbetrag an Spenden ein. Inzwischen werden Terry-Fox-Läufe auch außerhalb Kanadas veranstaltet.

Regina oder Saskatchewan anzuschauen.« Nun, ganz so schlimm ist es nicht, aber zumindest Besuchern aus Übersee kommt »Sask« selten als Erstes in den Sinn, wenn sie einen Kanada-Urlaub planen. Also ein paar Stichworte: Saskatchewan ist mit knapp 652 000 Quadratkilometern die Nummer sieben in Kanada und mit gut einer Million in Sachen Einwohner die Nummer acht. Die Hauptstadt hat 210 000 Bewohner, die größte Stadt, Saskatoon, 260 000; die drittgrößte Stadt, die den schönen Namen Moose Jaw (Elchkiefer) trägt, zählt gut 33 000 Bürger – plus *Mac the Moose*, das gut neun Meter hohe Fiberglas-Wahrzeichen der Stadt. Und die Stadt bietet ein Untergrund-Abenteuer: Die »Tunnel von Moose Jaw« sollen während der Prohibition eine Drehscheibe für den illegalen Handel mit Alkohol gewesen sein, einschließlich Kontakten zu Al Capones Organisation in Chicago. Daraus entstand in der kleinen Präriestadt eine Touristenattraktion: Die Tourteilnehmer werden in eine Untergrundbar geführt, um dort schwarzgebrannten Whisky zu kaufen.

Der Untergrund wird aber auch noch für eine zweite Tour genutzt, die der illegalen Einreise von Chinesen um 1900 gewidmet ist.

Sasketchewan hat Besuchern noch mehr Überraschendes zu bieten, etwa einen heilsamen Salzsee, eine kleine Version des Toten Meeres in Israel: Der Manitou Lake bei Watrous ist sogar dreimal salziger als jenes. Natürlich kann man sich auch auf dem »See des großen Geistes« einfach ausstrecken – untergehen kann man nicht. Saskatchewan, das keinerlei Zugang zum Meer hat, besitzt dennoch einen Leuchtturm: Das gut elf Meter hohe Leuchtfeuer auf dem Pirot Hill bei Cochin sendet zwar ein Signallicht aus, ist aber nur ein Aussichtspunkt für Touristen. Noch höher sind einige der Dünen, die sich über rund 100 Kilometer am Südufer des Lake Athabaska erstrecken. Die höchsten dieser Sandhügel bringen es auf eine Höhe von etwa 25 Metern. Und die Last Mountain Lake National Wildlife Area birgt das älteste Vogelschutzgebiet Nordamerikas.

Regina – Ruhe und Einsamkeit

Auch Regina hat sich bemüht, aus seinen begrenzten Möglichkeiten für Einheimische und Touristen Attraktives zu schaffen. Das Stadtzentrum, etwa zehn Blocks breit und an der Bahnlinie gelegen (wie sollte es bei der Entstehungsgeschichte anders sein), spiegelt den etwas gemächlicheren Rhythmus der ganzen Provinz wider, von der der Schriftsteller Edward McCourt (1907–1972) sagte: »Ruhe und Einsamkeit – die schönsten gaben, die Saskatchewan dem gequälten modernen Menschen anbieten kann.« Ruhe und Einsamkeit sind charakteristisch für Reginas Wascana Centre, einen riesigen Park, der sich südlich an das Stadtzentrum anschließt. Dessen Pate ist quasi Kanadas erster Regierungschef, John Macdonald (1815–1891). Bei seinem ersten Besuch sagte er 1886: »Wenn ihr etwas mehr Wald, etwas mehr Wasser und da und dort einen Hügel hättet, dann, so denke ich, würde sich der

Anblick verbessern.« Die Bürger der »Queen-City« stauten den kleinen Wascana-Fluss zu einem respektablen Stausee auf und pflanzten ringsum einen baumreichen Park. Damit hatten sie zugleich einen würdigen Platz für ihr Parlamentsgebäude, das 1911 fertiggestellt und nach kanadischer Art mit einer gewaltigen Kuppel gekrönt wurde. In dem Park fanden überdies eine Universität, drei große Museen und ein Hospital Platz.

Germantown ist ein Stadtteil von Regina, in dem sich Ende des 19. Jahrhunderts Einwanderer aus nicht englisch- oder französischsprechenden europäischen Ländern niederließen, darunter viele Osteuropäer. Sie alle wurden kollektiv »Galizier« oder »Deutsche« genannt. Sie waren arm gekommen und blieben meist auch arm, so entwickelte sich das Quartier zu einem Slum. Die deutschsprachige Bevölkerung bildete, wie städtische Quellen belegen, eine Ausnahme. Viele besaßen 1913 bereits eigene Häuser und sichere Arbeitsplätze. Die *Germans*, ansonsten in aller Welt dafür bekannt, dass sie sich schnell und unauffällig in die lokale Gesellschaft eingliedern, agierten in der besonderen Situation anders: Sie gründeten Organisationen und Vereine, um ihr Zusammenleben effektiv führen. Sie schafften es sogar, dass in den öffentlichen Schulen, die ihre Kinder besuchten, mindestens in der letzten halben Stunde auf Deutsch unterrichtet wurde.

Weltberühmte Polizisten mit Museum

Die Royal Mounted Police

1

2

3

Nicht nur Ganoven sehen rot, wenn sie an die Royal Canadian Mounted Police denken: Alle Kanadier haben dann die roten Paradeuniformen vor Augen. Bisweilen trainieren die Kadetten auch in »scarlett«, wenn sie in der RCMP Academy in Regina, Saskatchewan, zum Drill antreten (1, 3, 6). Die populärste Einheit der Nationalpolizei bilden die Reiter des »Musical Ride« (5), die Ballett hoch zu Ross bieten. Und ein Bild des Parlaments in Ottawa ist gewiss ein passender Hintergrund für ein Mountie-Porträt (2). Übrigens: Auch Moose (4) wären gerne Mounties.

Seite 106/107:
Pelikan International Airport in Saskatchewan: Treffen der Gattung Pelecanus erythrorhynchos.

Betrunkene und mörderische Wolfs- und Bisonjäger haben für die Gründung einer der berühmtesten Polizeitruppen der Welt gesorgt: die Royal Canadian Mounted Police (RCMP). 1873 drangen die US-Amerikaner in Kanada ein, wo sie bei den Cypress Hills im heutigen Saskatchewan ein Lager der Assiniboine überfielen und 23 Indianer erschossen. Kanada beschloss darauf hin, in seinen – größtenteils von der Hudson's Bay Company übernommenen – riesigen Northwest Territories für Recht und Ordnung zu sorgen. Das wurde die Aufgabe der Northwest Mounted Police; aus dieser berittenen Truppe entstand 1920 die RCMP. Kanadier nennen ihre Bundespolizisten nur *Mounties*, intern ist der Name *Force* gebräuchlich.

Warum sind die Mounties so populär? Zum einen, weil die Truppe den Pionier-Mythos ihrer Entstehungszeit teilweise bis heute lebt, weil sie in der kanadischen Wildnis immer noch das Gesetz verkörpert, wenn auch heute per Helikopter statt im Hundeschlitten. Und oft wirken sie dort noch als Helfer in allen Lebenslagen oder gar als Seelentröster. Die *Mounties* sind immer die Guten, deshalb hat es die Kanadier stets sehr getroffen, wenn ein Skandal die RCMP erschütterte. Zum anderen kennt alle Welt die roten Traditionsjacken – offiziell Review Order, populär *Red Serge* – und die breitkrempigen Cowboy-Hüte – nur echt mit flachem Rand und dem speziellen Kniff (Montana Crease) im Filz. Diese optische Attraktivität haben unzählige Holly-

4

wood-Filme genutzt, auch Kanada wirbt sehr gerne mit seinen adretten Polizistinnen und Polizisten. Im schwarz-blauen Uniform-Alltag erinnern allerdings nur noch

6

5

die gelben Seitenstreifen auf den Hosen an das Paradedress.

Fast 30 000 Personen arbeiten heute für die RCMP, vom Personenschutz des Prime Minister bis zum Ortspolizisten am Polarkreis. Die Truppe unterhält eine Flotte von Hubschraubern und Flugzeugen, zur See besitzt sie eine kleine Armada schneller Katamarane. Das bekannteste Schiff der *Mounties* ist allerdings längst ins Seefahrtsmuseum von Vancouver abkommandiert: Der Segel-Motorschoner im Jahr »St. Roch«, 1928 in Vancouver für Arktis-Patrouillen erbaut, hat mehrere Rekordfahrten durch die Nordwestpassage gemacht und 1950 als erstes Schiff Nordamerika umrundet.

Das nationale Hauptquartier der Truppe ist ein Bürokomplex in Ottawa. Interessanter sind in Ottawa die Ställe, in denen die Pferde für den berühmten *Musical Ride* beheimatet sind. Bei dem Ritt führen jeweils 32 Reiter Kavallerie-Figuren vor, ein Schauspiel, mit dem die Polizei schon rund um den Globus für sich und Kanada geworben hat. Bisweilen kann man Ställe und Training besichtigen. Ein Muss für Mountie-Fans ist hingegen das Depot mit der RCMP-Academy für alle Kadetten und das RCMP Heritage Center in Regina, Saskatchewan. In diesem Museum erfährt man auch, dass das angebliche Motto der *Mounties*, »They always get their men« (Sie fassen sie alle), eine Erfindung Hollywoods ist, wohl abgekupfert aus einer Zeitung in Montana. Der »Fort Benton Record« schrieb 1877: »They fetch their man every time.«

Rocky Mountains und Ölsände

Die reiche Provinz Alberta

Die knapp 1500 Kilometer langen und bis zu 150 Kilometer breiten Canadian Rockies unterscheiden sich geologisch wie optisch von den sich im Süden anschließenden American Rockies. Letztere bestehen mehrheitlich aus Granit und Gneis, während die kanadischen Berge überwiegend aus Kalkstein und Schiefergestein bestehen. Die kanadischen Gipfel wirken schroffer, die Täler sind oft u-förmig, weil die Landschaft stärker von Gletschern geformt wurde als die Szenerie in den US-Bergen, deren Formen stärker von Fließgewässern geschliffen wurden.

Für die meisten Kanadier waren die Rocky Mountains nur ein zeitraubendes und teures Hindernis beim Bau der transkontinentalen Eisenbahn vom Atlantik bis zum Pazifik. Doch der visionäre »Eisenbahnkönig« William Cornelius van Horne (1843–1915) sah dies anders. Er erkannte den touristischen und kommerziellen Wert der schroffschönen Bergkette, weit bevor Reisen zum Vergnügen zu einem richtigen Wirtschaftszweig wurde: »Da wir die Berge nicht zu den Menschen bringen können, müssen wir die Menschen eben zu den Bergen bringen.« Van Horne, Chef der Canadian Pacific Railway, ließ – teilweise in der Wildnis – komfortable Hotels für Touristen errichten.

Schneller als van Horne waren aber drei seiner Bahnarbeiter, die, vermutlich angeregt von indianischen Erzählungen, nach wohltuenden warmen Quellen suchten. In einer Höhle beim heutigen Banff wurden sie 1883 fündig – und kamen unverzüglich auf die Idee, aus dem Wasser harte Dollars zu machen. Sie zogen einen Zaun um ihre Entdeckung, bauten ein Blockhaus und kassierten für jedes Bad. Um ihr erfolgversprechendes Geschäft abzusichern, forderten sie von der Regierung einen *Claim* für die heißen Quellen. Doch das brachte die erst auf eine Idee: Mit den Einnahmen könnten vielleicht die hohen Kosten des Eisenbahnbaus durch die Berge aufgefangen werden. So entstand ein kleiner Naturpark, der nicht nur zur Keimzelle des Banff National Park, sondern damit auch zum Geburtsort aller kanadischen

Pincher Creek, Alberta (oben), liegt vor den Rockies und ist nach einer verlorenen Zange benannt. Richtig in die Berge geht es im Banff-Nationalpark am türkisfarbenen Peyto Lake (unten) und am Mount Edith Cavell im Jasper-Nationalpark (rechte Seite).

Nationalparks wurde. Bereits 1892 wurde in der noch weitgehend unzugänglichen Bergwelt der Lake Louise entdeckt und wegen seiner landschaftlichen Schönheit dem ersten Nationalpark des Landes zugeschlagen. Erst 1921 sollte es eine Straße von Banff nach Lake Louise geben.

Damals herrschte noch weithin Wildnis im Westen und das spätere Alberta war nur ein Teil der riesigen Northwest Territories, wenn auch seit 1882 als eigener Distrikt. Zur Provinz wurde Alberta erst 1905, als immer mehr Menschen in die Prärie am Fuß der Rocky Mountains zogen. Motor der Entwicklung waren weiterhin die Eisenbahnen, die auf einer südlichen und auf einer nördlichen Route die Bergketten vor dem Pazifik überwanden. So entstand in Alberta eine für Kanada ungewöhnliche Struktur mit Zentren im Süden und Norden. In allen anderen großen Provinzen von Québec bis British Columbia konzentrierten sich nämlich Wirtschaft und Bevölkerung entlang der Südgrenze zu den USA. Das ist bis heute so, rund 80 Prozent aller Kanadier leben in diesem südlichen Streifen.

In Alberta wuchs mit dem Eintreffen der Bahngleise aus einem Posten der Northwest Mounted Police die heutige Metropole Calgary; im Norden wurde aus einem Handelsposten der Hudson's Bay Company mit der Bahnstation die Hauptstadt der Provinz, Edmonton. Die Viehzüchter sammelten sich rund um Calgary (benannt nach einem Ort auf der schottischen Insel Mull), bei Edmonton (nach einem heutigen Stadtteil Londons benannt) ließen sich Farmer nieder, die Getreide und andere Feldfrüchte anbauten. Aber nicht nur landwirtschaftlich setzten beide Regionen ganz unterschiedliche Akzente: Edmonton mit seinen 820 000

Der Westen Kanadas ist Cowboy- und somit auch Rodeoland. Das gilt für die riesige »Calgary Stampede« und, eine Nummer kleiner, beim Rodeo in Rockyford, Alberta (oben). Höhepunkt der Cowboy- Festspiele in Rockyford sind die Chuckwagon Races (Mitte): Ben Hur auf kanadisch. Beim Viehtrieb mussten die Küchenwagen-Kutscher einst auch schnell sein, wenn Indianer die Vorräte angriffen. Ein weiteres Markenzeichen des Westens sind die »Grain Elevators« wie hier bei Vulcan in Alberta (unten). Die Getreidesilos galten als die »Kathedralen der Prärie«.

Einwohnern wurde zum politischen, die Millionenstadt Calgary zum wirtschaftlichen Zentrum Albertas. Dadurch entstand ein etwa 300 Kilometer langer Nord-Süd-Korridor entlang des Queen Elizabeth II. (QE 2) Highway, der zu den dichtbesiedeltsten Zonen Kanadas zählt.

Die Goldgräberstadt Edmonton

Die Gründerväter von Edmonton hatten bei der Ortswahl aber auch den »richtigen Riecher«, historisch wie aktuell. 1885, beim Goldrausch am Klondike, lag Edmonton, das »Tor zum Norden«, an der einzigen Strecke zu den Goldflüssen am Yukon, die nicht über einen käftezehrenden Pass führte. Edmonton profitierte davon erheblich. Und das feierte die Stadt auch, jedes Jahr für zehn Tage im Juli: Bei den *Klondike Days* trug die halbe Stadt Gewänder wie zur Jahrhundertwende, in den

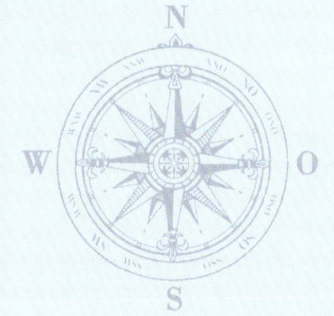

Manche Bergwiesen machen aus den Rocky Mountains sommers Blue Mountains (oben). Wahrlich kein Schmuse-kätzchen: ein Luchs auf der Lauer (links unten). Auf dem Weg zum Moraine Lake: Der Banff National Park ist ein beliebtes Wohnmobil-Revier (rechts unten).

Saloons floss der »kanadische Landwein« (Roggen-Whisky), und am Bankschalter konnte man sich einem Kassierer gegenübersehen, der wie der eigene Großvater aussah. Doch der goldene Schein ist verblasst, jetzt werden nur noch die »K-Days« gefeiert. Und wenn auch die *Nuggets* nur noch von McDonalds sind, so zieht der Rummel doch insgesamt mehr als 700000 Besucher an.

Knochenarbeit lohnt sich

Der größte Dinosaurier? Klar, *Tyrannosaurus rex*, knapp 13 Meter lang und an den Hüften vier Meter hoch. In Drumheller in Alberta weiß man es besser: Der dortige Glasfiber-T-Rex ist 46 Meter lang und 25 Meter hoch. Zwischen seine Zähne begeben sich jährlich Tausende Besucher. Im Rachen des Urtiers hat man einen guten Blick auf die Stadt, die sich *World Capital of Dinosaurs* nennt. Zu Recht, denn die nahen Badlands, eine bizarre Landschaft aus Erosionsschluchten, gelten als eine der reichsten Fundstätten für Dino-Knochen. Hier wurde sogar eine zuvor unbekannte Art entdeckt und Albertosaurier genannt. Als die Kohlebergwerke von Drumheller um 1950 schließen mussten, besann sich der Ort auf seine Vorgeschichte. Mit Erfolg: Das Royal Tyrrell Museum of Palaeontology – es birgt mit 40 Dino-Skeletten die weltgrößte Sammlung – zieht jährlich fast 400000 Besucher in die kleine Präriestadt.

In den Jahren nach dem Goldrausch entwickelte sich die Stadt im Norden fleißig weiter: 1912 wurde Strathcona, am jenseitigen Ufer des Saskatchewan River gelegen, mit Edmonton vereinigt. 1915 öffnete die University of Alberta ihre Pforten, und an der Jasper Avenue entwickelte sich das Stadtzentrum. 1927 begann der Luftverkehr auf dem städtischen Flughafen, dem ältesten Kanadas. Hier starteten jene Weltkriegsveteranen, die auch in der abgelegensten Wildnis für Transport und notfalls auch für Hilfe sorgten. Diese kühnen Flieger begründeten den heute noch legendären Ruhm der *bush pilots*. Die Canada's Aviation Hall of Fame auf der Jasper Avenue erinnert an die Pioniere in den Wolken.

Edmontons großer Boom begann allerdings erst im Zweiten Weltkrieg, als die USA fürchteten, Japan werde den Seeweg nach Alaska

blockieren. In nur acht Monaten wurde deshalb eine Piste durch die Wildnis nach Alaska geschlagen, Edmonton war damals von Menschen und Geld überschwemmt. Diese angenehme Situation war wohl auch der Grund dafür, dass die Stadt 1947 auf die Nachricht, in Leduc, 16 Kilometer südlich von Edmonton, sei eine Ölquelle angebohrt worden, verhalten reagierte. Aber als die Rivalen in Calgary sich nach einem Ölfund im Turner Valley keck *Oil Capital of Canada* nannte, besann sich die Hauptstadt ihrer Ölfelder. Binnen weniger Jahre machte dieses Gold der Neuzeit Alberta zur zweitreichsten Provinz und trug den vier Millionen *Albertans* den freundlichen Spitznamen »Scheichs des Nordens« ein. Die Region ist Kanadas größter Produzent von Öl und Ölprodukten, zumal Edmonton schon früh damit begonnen hatte, eigene Raf-

»Writing on Stone« heißt der Provinzpark in Alberta, denn nirgendwo in der nordamerikanischen Prärie gibt es mehr Felsritzungen und -malerei (linke Seite). Eine weitere Attraktion sind die »Hoodoos«, Säulen aus erodiertem weichem Stein mit härterem Fels auf der Spitze (oben). Ungewöhnliche Steinformationen finden sich auch in den Badlands im Süden Albertas (links).

finerien und eine petrochemische Industrie aufzubauen. Wo Öl ist, ist in der Regel Erdgas ebenfalls, das gilt auch für Alberta. Nicht genug damit, die Provinz ruht überdies auf Vorräten von etwa 110 Milliarden Tonnen hochwertiger Kohle. Alberta kann auch beruhigt in die Zukunft schauen, obwohl – oder gerade weil – die Ölvorräte weltweit zur Neige gehen: Die Athabasca-Ölsände bei Fort McMurray bergen, vorsichtig geschätzt, noch so viel Öl wie alle anderen Vorräte weltweit zusammen. Allerdings ist die Förderung der Ölsände, die nur zu etwa 20 Prozent im Tagebau gewonnen werden können, teuer. Überdies wenden sich viele Umweltschützer gegen den Abbau der Ölsände, der Schadstoffe freisetzt.

Angesichts dieser komfortablen Lage flammt in Alberta immer wieder mal die Diskussion auf, ob sich die Provinz oder der »Westen« insgesamt von Kanada lossagen und als eigener Staat die UNO bereichern solle. Beim westlichen Nachbarn British Columbia finden solche Gedanken stets offene Ohren. Staatliche Eigenständigkeit spielte in der Provinz am Pazifik stets eine Rolle, deshalb konnte sie auch nur mit dem Versprechen einer Eisenbahn von Ost nach West in den kanadischen Verbund gelockt werden. Mehrheiten fanden die separatistischen Pläne bislang aber weder in Alberta noch in British Columbia, wo in der Vergangenheit auch eher die Idee herumgeisterte, sich als weiterer Bundesstaat den Vereinigten Staaten anzuschließen. Doch auch davon

hört man nichts mehr, seit sogar zwei statt einer Bahnlinie die Pazifikprovinz mit Kanadas Osten verbinden. Und heutzutage steigt man ohnehin ins Flugzeug, transkontinental per Bahn sind vornehmlich Touristen unterwegs.

Die beiden Provinzen teilen eine für kanadische Verhältnisse ungewöhnliche Grenze. Während die meisten Grenzen westlich der *Maritimes* mit dem Lineal gezogen wurden, gab in den Rocky Mountains die Natur den Verlauf vor: Die Demarkationslinie über die Gipfelkette folgt der kontinentalen Wasserscheide im Hochgebirge: Wo die Gewässer nach Westen, zum Pazifik hin, abfließen, liegt BC, wie British Columbia meist abgekürzt wird. Alle anderen Bäche fließen in Alberta zu Tal. Hier im Hochgebirge grenzt die viertgrößte Provinz, Alberta mit fast 662 000 Quadratkilometern, an die mit knapp 945 000 Quadratkilometern drittgrößte. British Columbia ist mit 4,4 Millionen Einwohnern auch in dieser Statistik die Nummer drei. Beide Provinzen erachten die Rocky Mountains als ein Juwel. Für Alberta gilt das noch mehr als für British Columbia, das zum einen mit den Coast Mountains ein zweite Bergkette besitzt und überdies mit einem weiteren touristischen Pfund wuchern kann: mit der Pazifikküste.

Sowohl Calgary als auch Edmonton, die nördlichste City Kanadas, verzeichnen jährlich mehr als vier Millionen Touristen. Edmontons unübersehbares Wahrzeichen als Hauptstadt der Provinz ist das dank

seiner mächtigen Kuppel das unübersehbare Legislature Building, für die rund 815 000 *Edmontonians* kurz *The Legde*. Der 1913 eröffnete Parlamentsbau, architektonisch eine Mischung aus Neo-Klassik und Beaux-Arts, ist umgeben von 23 Hektar Parkland. In einer Marmornische des Baus findet sich auch ein Denkmal der Namenspatin von Alberta, Prinzessin Louise Caroline Alberta, die vierte Tochter von Queen Victoria. Meist wurde sie nur Princess Louise genannt, als solche ist sie auch Patin des schönen Lake Louise bei Banff in den Rocky Mountains. Eine weitere Besonderheit sind die Palmen, ein Geschenk Kaliforniens, die auf der – für Besucher leider nicht zugänglichen – Galerie in der Kuppel gedeihen, auch wenn im Winter draußen Minustemperaturen herrschen. Der Rekord lag 1886 bei minus 49,4 Grad. Der Sommerrekord der an die Subarktis grenzenden Stadt liegt seit 1998 bei 38,3 Grad.

Die meistbesuchte Attraktion Edmontons dürfte hingegen die West Edmonton Mall sein, bis 2004 das größte Einkaufzentrum der Welt und immer noch die Nummer eins in Nordamerika. Mehr als 800 Läden gruppieren sich unter anderem um einen künstlichen See unter dem gewaltigen Glasdach, einen Rummelplatz und – wir sind schließlich in Kanada – zwei Eisflächen für den Nationalsport Hockey. Rund 32 Millionen Personen besuchen alljährlich die Mall, deren Wahrzeichen ein Nachbau des Columbus-Schiffes »Santa Maria« ist. Zu viel Trubel? Die vier Glaspyramiden des Muttard Conservatory offerieren eine ent-

Fortsetzung Seite 120

Sonnenaufgang am Lower Kananaskis Lake im Peter Lougheed Provinical Park in Alberta (oben). Der langgezogene Park liegt etwa 90 Kilometer westlich von Calgary und ist ein beliebtes Ziel für mehrtägige Wandertouren. Auch der Rawson Lake (links) liegt in diesem 304 Quadratkilometer großen Park.

Seite 116/117:
Ein altes Farmhaus bei Fort Steele in British Columbia.

Welterbe mit Gletschern und Gipfeltreffen

Die Nationalparks in den Rocky Mountains

1

2

3

Dem höchsten Berg der Canadian Rockies, Mount Robson mit 3954 Metern, ist in British Columbia ein eigener Provincial Park gewidmet (1). Ein Wanderweg führt im Kootenay National Park zum Floe Lake (2). Sonnenaufgang am Mount Rundle bei Banff (3). Smaragd der Rockies: der Emerald Lake im Yoho National Park in British Columbia (4). Der Icefields Parkway im Jasper National Park: eine der großen Straßen der Welt (5). Bergkathedralen: die Cathedral Crags im Yoho National Park (6).

B*ack Country Park* nennen die Kanadier geschützte Landschaften, die in der Regel nur zu Fuß oder im Sattel erreichbar sind. In den Canadian Rocky Mountain Parks, einem Welterbe der UNESCO, gibt es zwei dieser strikten und entsprechend besucherarmen Areale: Hamber und Mount Assiniboine. Beide sind Provinzparks in British Columbia mit einfachen Zeltplätzen. Im Mount Assiniboine Park gibt es immerhin noch eine Lodge, die auch per Hubschrauber erreichbar ist. Wer im Hamber Park, der nur auf eine dreistellige Besucherzahl im Jahr kommt, zum Zeltplatz am Fortress Lake vordringen möchte, muss sogar einen Fluss durchwaten. Der dritte Provinzpark, der zum Welterbe-Gebiet gehört, ist nach dem höchsten Berg der kana-

dischen Rockies benannt, dem 3954 Meter hohen Mount Robson. Da der Yellowhead Highway durch den Park und über den gleichnamigen Pass (1146 Meter) führt, ist der Park gut erreichbar.

Kern des mehr als 2,3 Millionen Hektar großen Welterbe-Parks sind vier Nationalparks, von denen mindestens zwei weit über die Landesgrenzen hinaus bekannt sind: Banff und Jasper. Die beiden anderen sind der Kootenay- und der Yoho-Nationalpark. Die sieben Parks bilden ein geschlossenes Schutzgebiet beiderseits der Grenze zwischen Alberta und British Columbia. Im Gegensatz zu den Back Country Parks sind die vier gut erschlossenen Nationalparks große Publikumsmagneten: Banff kommt auf jährlich etwa 3,3 Millionen Besucher und ist der meist-

4

frequentierte Nationalpark Kanadas, gefolgt vom benachbarten Jasper National Park mit knapp zwei Millionen Gästen. Auch Kootenay und Yoho schaffen es mit 435 000 bzw. 560 000 Urlaubern unter die Top Ten.

Die hohen Besucherzahlen sind kein Zufall, denn die Parks gehören zu den schönsten Kanadas. Schon der Ort Banff liegt spektakulär zwischen den Bergen, einen Überblick bietet der Mount Sulp-

5

6

hur, auf den eine Gondola-Seil-
bahn führt. Touren zu den türkis
schimmernden Bergseen Lake
Louise oder Peyto Lake entzücken
nicht nur Fotografen, der Moraine
Lake wird gerahmt von zehn Gip-
feln, und ein Muss ist die Fahrt
über den 230 Kilometer langen
Icefields Parkway von Banff nach
Jasper, den eine grandiose Szenerie mit Gletschern umgibt. In Spe-
zialbussen (Snowcoaches) kann
man im Sommer auf den Athabas-
ca-Gletscher fahren, ein Teil des
325 Quadratkilometer großen Columbia Icefield. Einige der Glet-
scherzungen sind vom Parkway
aus gut sichtbar, an der Route liegt
auch ein Infozentrum. In dessen
Nähe wartet mit dem Glacier Skywalk ein weit aus dem Fels ragen-
der Aussichtsbogen mit teilweise
gläsernem – und adrenalinfördern-
dem – Fußboden.
Im Kootenay-Nationalpark beweisen die Radium Hot Springs, dass
nur gering dosierte Radioaktivität
durchaus heilsam sein kann. Die
mineralienreiche Quelle tritt mit
etwa 37 Grad Celsius aus dem Felsen, in einem zweiten Becken
wird das Wasser auf 27 Grad ab-
gekühlt. Der Yoho-Nationalpark
ist bekannt für sein »Gipfeltref-
fen«: 38 Dreitausender ragen in
dem rund 1300 Quadratmeter großen Terrain auf. Eher in die Tiefe
schauen Fossiliensammler: Relik-
te von mehr als 120 Meerestieren
sind hier versteinert.

spannte Alternative, in der Pflanzenfreunde zu einer botanischen Welt-reise durch drei unterschiedliche Klimazonen und ihre Gewächse auf-brechen können. Der vierte Bau dient Wechselausstellungen. Edmon-ton scheint Glaspyramiden zu lieben: Auch das moderne Rathaus verbirgt sich unter solch einer Konstruktion.

Calgary, die »Stampede City«

Verglast ist selbstverständlich auch der Boden des Aussichtsdecks des 190 Meter hohen Calgary Tower, der einen perfekten Überblick über

Albertas größte Stadt mit 1,1 Millionen Einwohnern bietet. Trotz der gut sichtbaren Rocky Mountains geht der eindrucksvollste Blick doch vertikal nach unten. Das ist nichts für Besucher mit Höhenangst! Ein wirtschaftlicher Höhenflug prägt die Stadt, die mehr noch als Edmon-ton als Zentrum der kanadischen Öl- und Gasindustrie gilt. Seinen frü-hen Wohlstand und seine bis heute gepflegte Western-Tradition ver-dankt Calgary der bedeutenden Viehwirtschaft im Umland. So ist der alte Spitzname »Cowtown« noch heute wohl gelitten.

Das gilt insbesondere für die zehn Julitage der *Calgary Stampede*. Aus der einstigen Landwirtschaftsschau ist ein Rodeo geworden, das

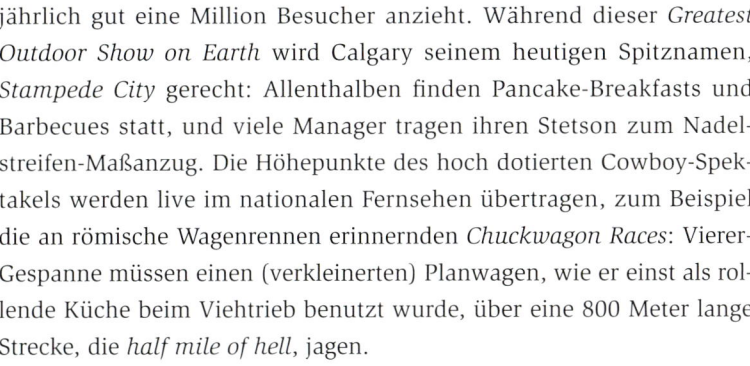

Hoch hinaus im hohen Norden: In der Hauptstadt Edmonton (linke Seite) sind die »Ölscheichs von Alberta« zuhause. Die ewige Rivalin Calgary pflegt dagegen generationenübergreifend (links) ihre Cowboy-Tradition mit der »Greatest Show on Earth«, dem Rodeo »Calgary Stampede« (unten). »Greatest Rodeo« stimmt zumindest: Zu den zehn Tagen im Juli strömen rund 1,5 Millionen Zuschauer, die Akteure haben zwei Millionen Dollar Preisgelder im Visier.

jährlich gut eine Million Besucher anzieht. Während dieser *Greatest Outdoor Show on Earth* wird Calgary seinem heutigen Spitznamen, *Stampede City* gerecht: Allenthalben finden Pancake-Breakfasts und Barbecues statt, und viele Manager tragen ihren Stetson zum Nadelstreifen-Maßanzug. Die Höhepunkte des hoch dotierten Cowboy-Spektakels werden live im nationalen Fernsehen übertragen, zum Beispiel die an römische Wagenrennen erinnernden *Chuckwagon Races:* Vierer-Gespanne müssen einen (verkleinerten) Planwagen, wie er einst als rollende Küche beim Viehtrieb benutzt wurde, über eine 800 Meter lange Strecke, die *half mile of hell*, jagen.

Der Wilde Westen ist in Calgary unvergessen, und so kam denn auch die größte Eishockey- und Sporthalle der Stadt zu ihrem Namen: »Saddledome«, weil ihr Dach an einen Western-Sattel erinnert. Die Halle wurde für die Olympischen Winterspiele 1988 gebaut, seinerzeit wurden die alpinen Wettbewerbe in den Rocky Mountains ausgerichtet. Seither ist Alberta fest verankert auf der Weltkarte der Ski- und Snowboard-Urlauber. Viele planen ihre Winterferien so, dass sie die *Big Three* im Banff National Park unter ihre Bretter nehmen können: Mount Norquay, Lake Louise Ski Resort und Sunshine Village. Im Jasper-Nationalpark ist das Marmot Basin die bevorzugte Adresse für Wintersportler.

Für den Winter ist Calgary gut gerüstet, denn alle wichtigen Gebäude in der City sind mit dem *Skywalk + 15* verbunden, ein meist 15 Fuß (4,60 m) hohes geschlossenes System von Fußgängerbrücken – das weltweit größte Geflecht dieser Art und Calgarys Antwort auf die unterirdischen Systeme in Toronto und Montréal. Ungewöhn-

lich für Nordamerika ist auch Calgarys relativ gut ausgebautes Straßenbahnnetz, das 1909 als Calgary Municipial Railway gegründet wurde.

Eine unkonventionelle Lösung für sein Dach fand das Core Shopping Center: Über den Läden und Restaurants erstrecken sich auf 10 000 verglasten Quadratmetern die Devonian Gardens, der weltgrößte urbane Garten dieser Art. Als ihren »großen Hausgarten« hingegen bezeichnen die *Calgarians* bisweilen die Rocky Mountains. Kein Wunder, denn Banff ist gerade mal 130 Kilometer entfernt und Lake Louise nur 60 Kilometer mehr. Dort beginnt auch eine der schönsten Panoramastraßen der Welt, der 230 Kilometer lange Icefields Parkway nach Jasper, der die beiden populärsten Nationalparks der kanadischen Rockies verbindet: Banff und Jasper. Für Autotouristen, die erstmals in dieser gesegneten Region unterwegs sind, ist die Straße ein Muss.

Wer sich allerdings lieber auf die Landschaft als auf Straße und Steuerrad konzentrieren möchte, dem bietet sich in Calgary eine schöne und geradezu historische Alternative: die Fahrt mit dem Rocky Mountaineer über die Berge nach Vancouver. Der Luxuszug verlängert die Reise über diese Strecke, die Flugzeit beträgt 80 Minuten, auf verkaufsfördernde vier Tage mit drei Hotelübernachtungen: eine am Startort, eine am Zielort, eine unterwegs in Kamloops. Der Rocky Mountaineer ist nach eigenem Bekunden der einzige Personenzug, der noch auf dieser ursprünglichen Route rollt. An Bord bietet der Zug, der auch Fahrten nach Jasper und Whistler unternimmt, drei Serviceklassen an. In der höchsten Kategorie, *GoldLeaf*, reisen die Passagiere in Doppelstock-Waggons mit Restaurant im Unterdeck und völlig verglastem Oberdeck – ideal für die Bergwelt der beiden Nationalparks, die jeweils drei Millionen Urlauber im Jahr

anziehen, einschließlich der Wintersportler, die vom feinen »Champagner-Schnee« der Rockies schwärmen.

Heimat seltener Arten: Albertas Nationalparks

Insgesamt birgt Alberta fünf Nationalparks: Wood Buffalo ragt über die Nordgrenze der Provinz hinaus in die Northwest Territories und ist mit fast 45 000 Quadratkilometern der größte Kanadas. Er wurde zum Schutz der letzten wilden Bisonherden gegründet. Ebenso wichtig war den Naturschützern, dem *Whooping Crane*, einer seltenen Kranichart, ein Brutgebiet zu erhalten – beide Projekte waren von Erfolg gekrönt.

Der 191 Meter hohe Calgary Tower (linke Seite und oben) birgt in seinem Korb eine Aussichtsplattform und ein Restaurant; bei seiner Eröffnung 1967 – zu Kanadas 100-Jahr-Feier – war er der höchste Turm Nordamerikas. Die an einen Cowboy-Sattel erinnernde Sportarena Saddledome (oben) ist Wahrzeichen Calgarys. Die Skulpturen in der Stephen Avenue (Mitte) sollen die Chinook-Starkwinde ausbremsen, die Calgary häufig überfallen. Zwei Bronze-Herren begegnen sich im Zentrum von Calgary (unten).

Im Nationalpark liegt auch eines der größten Flussdeltas der Welt, der Zusammenfluss von Athabasca und Peace River. Das Delta gilt als eines der wichtigsten Reviere für Wasservögel im nordamerikanischen Inland. Eine Besonderheit sind ferner die großen Salzflächen, die Ranger des Parks machen sich bisweilen ein Vergnügen daraus, ihre Gäste zu »Salzproben« einzuladen: Jede Lage hat ihren eigenen charakteristischen Geschmack.

Der Park Elk Island ist nur 194 Quadratkilometer groß und völlig eingezäunt, um den dort lebenden seltenen Tieren Schutz zu bieten.

Ursprünglich war dieser Schutz nur für die schwindende Elkpopulation gedacht. Unter »Elks« verstehen Nordamerikaner die in Kanada heimischen Wapiti-Hirsche, wie schon der lateinische Namen *Cervus canadensis* belegt. Die Hirsche mit dem weißen Hinterteil – das bedeutet *wapiti* in der Sprache der Shawnee-Indianer – haben sich in dem relativ kleinen Nationalpark wieder erfreulich vermehrt. Auch einige der letzten Präriebüffel, die hinter dem Zaun in Sicherheit gebracht wurden, leben inzwischen wieder in einer stattlichen Herde. Viele Bisons, die in den letzten Jahren in den Prärieprovinzen ausgewildert wurden, stammen von Elk-Island-Vorfahren. Ähnliches gilt für die ausgewilderten Trompeterschwäne, die auf Elk Island gezüchtet wurden: Mittlerweile gibt es wieder rund 5000 Exemplare dieser weißen Schwäne mit den signifikanten schwarzen Schnäbeln – ein Anfang ist gemacht.

Der Waterton Lakes Park liegt ganz im Süden an der Grenze zu den USA und bildet mit dem dortigen Glacier National Park gemeinsam einen *Peace Park*. »It's stunning«, lobte der amerikanische Fernsehstar David Letterman in seiner Show im Juni 2013 die beiden Parks, und am nächsten Tag schwollen die Besucherzahlen mächtig an – übrigens auch im Glacier National Park in der kanadischen Provinz British Columbia. Die beiden gleichnamigen Parks werden allerdings öfter mal verwechselt, im »Prince of Wales Hotel« im Waterton Lakes Park hat man schon häufiger fehlgeleitete Touristen erlebt. Die 1927 eröffnete schmucke Herberge wird zwar zu den historischen *Railway*

Groß und klein: Buffalos (oben) lebten hier einst zu Hunderttausenden. Heute sind die Bestände des Wappentiers der Prärie geschützt. Auch um die Red Squirrels (unten) muss man sich in Alberta keine Sorgen machen. Der Icefields Parkway in Albertas Rockies (rechte Seite) gilt unter Touristen als eine der attraktivsten Straßen der Welt.

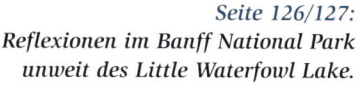

Seite 126/127:
Reflexionen im Banff National Park unweit des Little Waterfowl Lake.

Hotels gezählt, wurde aber als einzige ihrer Art nicht von einer kanadischen, sondern von einer US-amerikanischen Bahngesellschaft errichtet, von der Great Northern Railway. Der britisch-royale Name sollte womöglich davon ablenken, dass dieses Hotel unweit der US-Grenze in erster Linie als Fluchtort vor der amerikanischen Prohibition dienen sollte. Natürlich haben langst seriöse Touristen die Trinker ersetzt.

Neben den Nationalparks wies Alberta auch insgesamt mehr als 300 Provinzparks und Naturreservate aus. Einer der populärsten, der Dinosaur Provincial Park, liegt 48 Kilometer nordöstlich von Brooks, wird aber häufig mit den Dinosaurier-Fundstätten bei Drumheller verwechselt. Dieser Ort, in dem auch das renommierte Royal Tyrrell Museum of Palaeontology liegt, ist zwei bis drei Autostunden entfernt. Der Dinosaur-Provinzpark wurde so benannt, weil in der faszinierenden Erosionslandschaft der Badlands viele Dinosaurier-Skelette und -Relikte gefunden wurden.

Mit Gleisen vereint

Kanadas transkontinentale Eisenbahn

In der Prärie gibt es Schienenstränge, die kilometerweit geradeaus führen (1). Wo in der Prärie Grain Elevator stehen, liegt auch immer ein Gleis, um den Weizen abzutransportieren (2). Fernzüge wie der transkontinentale »Canadian« führen in der Saison Aussichtswagen, die älteren mit einer Glaskanzel im Dach, die neueren mit einem völlig verglasten Oberdeck (3). Oldtimer unter Dampf: In Kanada werden viele Museumsbahnen wie die East Kootenay Railway Co. in British Columbia erhalten (4). Alle Großstädte des Landes sind per Bahn erreichbar (5). Unter einem Glasdach lohnt sich ein Regenbogen besonders (6). Mehr Panorama geht kaum noch in einem Zug (7). Der »Ocean« zwischen Montréal und Halifax hat einen Wagen mit Glaskanzel im Dach und bietet überdies noch eine Lounge am Zugende (8).

Seite 130/131:
Sonnenaufgang am Lake Louise im Banff National Park, Alberta.

Als die »Titanic« 1912 unterging, hatte das Folgen für Kanadas Eisenbahnen: Unter den Todesopfern der Katastrophe war Charles Hays, der Präsident der Grand Trunk Railway (GTR), die in Kanada und den USA das größte Bahnnetz der Welt betrieb. Ohne Hays ging es abwärts mit der GTR, die seit 1903 an einer transkontinentalen Bahnlinie baute. Es sollte die dritte Verbindung zum Pazifik werden, neben der bestehenden, staatlich initiierten Canadian Pacific Railway (CPR, später CP) und der Canadian Northern Railway (CNR). 1886 rollte der erste CPR-Zug von Montréal und Toronto nach Port Moody unweit des heutigen Vancouver. Damit war eine Bedingung British Columbias für dessen Beitritt zum kanadischen Dominion

erfüllt. Eine gleichartige Klausel hatten Nova Scotia und New Brunswick erwirkt, sie erhielten die geforderte Bahnverbindung nach Québec und Ontario. Kanada war via Gleis vereint.

Die beiden Konkurrenten der CP waren im Westen deutlich später am Ziel. Grand Trunk hatte von Beginn an Prince Rupert am Pazifik als Endstation geplant, 1914 rollte dort der erste Zug ein. Canadian Northern kam erst ein Jahr darauf am Stadtrand von Vancouver an, obwohl beide Linien die Rocky Mountains auf dem günstigen Yellowhead Pass überquerten. Canadian Pacific nutzte hingegen damals die südliche Route nahe der US-Grenze und musste über den Kicking Horse Pass hinweg – bei 4,5 Prozent Gefälle hinter starken Loks mit Spe-

zialbremsen. Erst 1909 konnte mit zwei Spiraltunneln, in denen die Züge im Berginneren einen Kreis fahren und dabei an Höhe gewinnen bzw. verlieren, das Problem gelöst werden.

CP war mit seiner Linie erfolgreich, die Konkurrenten nicht. Sie

7

8

5

6

wurden zur Canadian National (CN) verschmolzen. CP und CN gaben aber später den Passagierverkehr auf, denn mit dem Ausbau der Flugverbindungen und dem stetig wachsenden Trans Canada Highway wurde die Zahl der Bahnreisenden immer kleiner. Die

Regierung bündelte die Passagierlinien in der neuen staatlichen Gesellschaft Via Rail, die mithilfe der sehr beliebten Glaskuppel-Waggons und attraktiven Service-Angebote aus dem Transportmittel ein gefragtes Touristikprodukt machte. Die Fernzüge verloren

ihre Namen und wurden zu Fahrplan-Nummern. Mit zwei Ausnahmen: Der *Ocean* von Halifax nach Montréal und der *Canadian* von Toronto via Edmonton nach Vancouver. Verknüpft mit einem der Intercity-Züge zwischen Montréal und Toronto ergibt sich eine der

wenigen echten Kontinent-Durchquerungen – wenn auch mit zweimaligem Umsteigen.

Einmal Umsteigen lohnt sich auch in Winnipeg zu einem Abstecher in den hohen Norden, zumindest von Mitte Juli bis Mitte August oder im Oktober/November, wenn sich bei der Endstation Churchill Tausende weißer Beluga-Wale in der Hudson Bay sammeln bzw. Tausende Eisbären bei der Stadt auf das Zufrieren der Bay warten. Und in Jasper müssen alle umsteigen, die durch das Tal des Skeena River nach Prince Rupert fahren wollen, statt weiter mit dem *Canadian* nach Vancouver zu reisen. Die Wahl fällt schwer, denn alle Strecken durch die Rockies und die Coastal Mountains gelten als die schönsten Bahnabenteuer im Kanada.

Viel Wildnis und eine Weltstadt

Das traditionsreiche British Columbia

Elizabeth II., die Queen in London, ist zwar immer noch das nominelle Staatsoberhaupt Kanadas. Aber der Union Jack, die unverwechselbare Flagge des Vereinigten Königreichs, die einst über ganz British North America wehte, blieb allein in der Flagge der Provinz British Columbia (BC) erhalten. Recht so, hatte doch Victoria höchstpersönlich, die royale Vorfahrin der heutigen Monarchin, entschieden, wie die Provinz ganz im Westen Kanadas heißen sollte. Die Untertanen von der Pazifikküste hatten ihre Herrscherin gefragt, wie sie die neue Kolonie nennen sollten. Die Antwort: »Der einzige Name, der für das gesamte Territorium auf allen von der Königin konsultierten Landkarten existiert, ist ›Columbia‹. Aber es gibt bereits ein Columbia in Südamerika ... ›British Columbia‹ ist wohl, so scheint es der Königin, der beste Name.«

Der legendäre Captain James Cook, der 1778 auf der Insel Nootka vor Vancouver Island an Land gegangen war, trug die Kunde von der exquisiten Qualität der dortigen Seeotterpelze nach London. Wenige Jahre später hatten die Briten an der Pazifikküste bereits einen florierenden Pelzhandel aufgezogen. 1792 kartografierte Captain George Vancouver, der schon mit Cook auf Nootka gewesen war, die gesamte Küste zwischen Kalifornien und dem heutigen Alaska. Doch weil die Seewege von der Alten in die westliche Neue Welt lang waren, kam dem Landweg eine besondere Bedeutung zu. Alexander MacKenzie schaffte es 1793 als Erster, mehrere folgten im Lauf der Jahre. Nach langem Zögern trat British Columbia 1871 der kanadischen Konföderation bei, nachdem diese eine Eisenbahn bis an den Pazifik und den Bau einer Werft versprochen hatte (aus der Werft auf Vancouver Island ist inzwischen das pazifische Hauptquartier der kanadischen Marine geworden). All das änderte aber nicht viel an der geografischen Isolation, die erst wirklich durchbrochen war, als 1886 der erste Zug aus Montréal in Vancouver eintraf.

Die über 100 Jahre alte St. Pauls Anglican Church in Kitwanga (oben) ging hervor aus einer Missionsstation. Parade in Taylor, BC (unten). Der Ort ist bekannt für seine Wettbewerbe im Goldauswaschen. Der Kokanee Lake (rechte Seite) im Kokanee Glacier Provincial Park, BC.

Blaue Jungs: Cowboys der 1/2 Way Ranch bei Kleena Kleene, BC (rechts). Sprit und Würmer: Tankstelle am McLeod Lake, BC (Mitte). Charming Country: Bäuerin am Tatlayoko Lake, BC (unten).

Die meisten Kanadier sahen in der neuen Provinz einen Gewinn – wirtschaftlich, aber auch unter dem Aspekt einer besonders schönen Landschaft, die touristisch wiederum positive wirtschaftliche Auswirkungen hatte – und bis heute hat. Jährlich bleiben rund fünf Millionen Touristen mindestens eine Nacht in British Columbia, drei Viertel von ihnen kommen aus den USA. Die Provinz wirbt seit einigen Jahren mit dem Slogan »Super. Natural« und hat dazu auch allen Grund: Keine andere Region des Landes bietet auf kürzeste Distanz einen Ozean mit zahllosen Inseln und zwei Hochgebirgsketten, eine sehr gute Infrastruktur, ein reiches Tierleben zu Lande wie zu Wasser, eine Weltstadt mit ihrem vielfältigen kulturellen Angebot und ungewöhnlich variantenreiche indianische Traditionen.

Ein Beispiel sind die Sprachen der verschiedenen Stammesfamilien. In BC werden 34 verschiedene Sprachen der *First Nations* gesprochen, hinzu kommen laut Ministerium für Angelegenheiten der Ureinwohner 59 unterschiedliche Dialekte. Die meisten dieser Sprachen sind vom Aussterben bedroht, deshalb legen kanadische Anthropologen und Sprachwissenschaftler umfangreiche Dokumentationen über sie an. Laut Ministerium leben rund 197 000 Ureinwohner in British Columbia, darunter knapp 129 000 Angehörige der *First Nations*, rund 60 000 Métis (Angehörige gemischter Familien und Nachfahren europäischer Pelzhändler) und weniger als 1000 Inuit.

Hinsichtlich der gesamten Wirtschaftskraft, gemessen am Bruttosozialprodukt, rangiert BC hinter Ontario, Québec und Alberta auf Platz vier. Traditionell spielt in British Columbia die Forstwirtschaft – vom Bauholz bis zur Papierherstellung – eine große Rolle, aber der Abbau und die Verarbeitung von Bodenschätzen wird immer wichtiger. Der dritte wichtige Bereich ist die Landwirtschaft, gefolgt von den Häfen, die insbesondere im Asiengeschäft aktiv sind. In den letzten Jahren ist

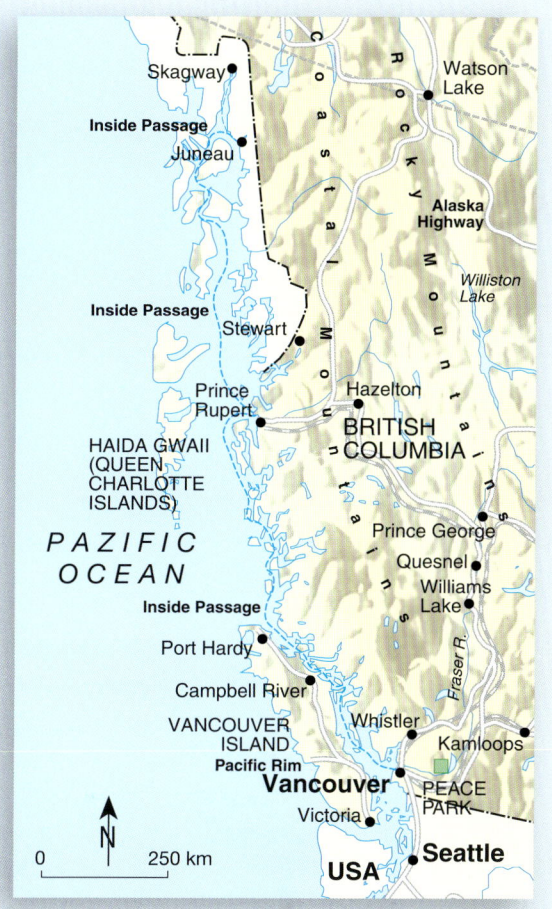

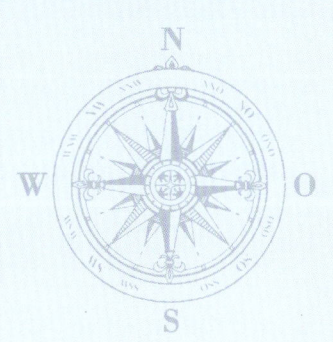

Der Long Beach im Pacific Rim National Park auf Vancouver Island macht seinem Namen Ehre (oben). Cowboy-Shopping: der General Store in Sirdar, BC (Mitte). Cowboy-Mode, keine Arbeitskleidung: gepflegte Handschuhe und Fransenjacke (rechts). Ihm geht man tunlichst aus dem Weg: Logging Truck bei Chilcotin in voller Fahrt (links).

Barkerville, BC, hat den Goldrausch überlebt, ist heute eine »Historic Town« und zugleich eine Touristenattraktion (oben). Kürbiszeit im Okanagan Valley, dem populären Agrar- und Feriengebiet östlich von Vancouver (unten). Howdy und willkommen auf der 1/2 Way Ranch bei Kleena Kleene, BC (rechte Seite).

ein nicht unbedingt erwartetes Gewerbe hinzugekommen: die Filmindustrie, bekannt unter dem Spitznamen »Hollywood North«. Im Jahr 2000 stieg der Umsatz mit der Filmproduktion in und um Vancouver erstmals über eine Milliarde Dollar.

Film und Wein

Nach Los Angeles und New York ist Vancouver mittlerweile der drittwichtigste Produktionsort für Kino- und Fernsehfilme in Nordamerika, gefolgt wohl von Toronto. Ein Grund für die Ausflüge der Hollywood-Studios über den 49. Breitengrad, die Grenzen zwischen den USA und Kanada, sind die günstigen Steuersätze in British Columbia und Ontario. Ebenso wichtig sind aber auch das fachkundige Personal und die diesbezüglichen Erfahrungen Vancouvers – bereits 1910 wurden hier die ersten Spielfilme gedreht. Der Film spielt in Vancouver aber nicht nur wirtschaftlich, sondern auch kulturell eine Hauptrolle, besonders deutlich wird das beim alljährlichen Vancouver International Film Festival (VIFF) im September/Oktober. Rund 300 Filme werden vor etwa 150 000 Zuschauern gezeigt, ein Schwerpunkt liegt häufig auf asiatischen Produktionen. Für Vancouver spricht auch die räumliche Nähe zu Kalifornien: Hollywood, wo die Studio-

bosse die Entscheidungen treffen, und Vancouver liegen in derselben Zeitzone und sind nur drei Flugstunden voneinander entfernt. Da müssen sich neue Drehort-Konkurrenten wie North Carolina, New Mexico und Georgia schon ordentlich anstrengen, um die kanadischen Metropolen auszustechen.

Ein Faktor beim erfolgreichen Buhlen um Hollywoods Etats ist aber auch die bereits erwähnte grandiose Kulisse der Rocky Mountains, der Coast Mountains sowie der mehr als 17 000 Kilometer langen und oft filmreif spektakulären Pazifikküste. Landschaftliche Reize, die sich nicht nur auf Kinoleinwänden und TV-Bildschirmen, sondern auch auf privaten Urlaubsfotos sehr gut machen. Deshalb erzielt British Columbia einen touristischen Jahresumsatz von mehr als 13 Milliarden Dollar bei 128 000 Arbeitsplätzen. Zum Vergleich die Zahlen des Nachbarn und touristischen Partners Alberta: rund 8 Milliarden Umsatz bei 140 000 Jobs. Hauptattraktionen sind beiderseits der Grenze die großen Städte mit ihren Veranstaltungen und architektonischen Sehenswürdigkeiten sowie die Nationalparks, die in den Rocky Mountains sogar grenzüberschreitend ineinander übergehen.

Fortsetzung Seite 142

Mit Orcas und Adlern durch das Insel-Puzzle

Die Inside Passage

Fotogene Küste: Scudder Point auf Burnaby Island im Gwaii-Haanas-Nationalpark, BC (1). Die Welt unter Wasser gehört auch zum Gwaii-Haanas-Nationalpark (2). Sonnenuntergang am Houston Stewart Channel in den Queen Charlotte Islands, Haida Gwaii (3). Orcas sind häufig anzutreffen an der Inside Passage zwischen dem Festland und British Columbias Inseln (4). Ein Weißkopfseeadler beim Lift-up in seinem Revier in Haida Gwaii (5). Sea Lions an der Inside Passage (6). Stille Tage in Haida Gwaii (7). Holzfäller-Championship: Loggers' Sports Day in Sandspit auf Moresby Island (8).

Seite 140/141:
Gute Lage: die »Blue Mountains«-Weinberge am Vaseux Lake bei Oliver im Okanagan Valley, BC.

Der ultimative Insider-Tipp für Kanada? Die Inside Passage vor der Küste von British Columbia! Die Wasserstraße zwischen dem Festland und rund 1000 Inseln ist in dieser Dimension weltweit einzigartig – zumal, wenn man wie üblich im Süden den kurzen Abschnitt vor dem US-Bundesstaat Washington und im Norden die lange Strecke vor Alaskas Küste mitzählt. Vom Puget Sound bei der US-Metropole Seattle bis nach Skagway in Alaska misst die Route etwa 1530 Kilometer. Die Inside Passage, unter der inzwischen nicht nur die Schifffahrtsroute, sondern auch alle Inseln und Küstenstreifen verstanden werden, ist unter Seeleuten wie Passagieren gleichermaßen beliebt, weil sie dank des Insel-Puzzles vor den ruppigen Wogen

des Nordpazifiks geschützt sind. Insbesondere Reisende, die anfällig sind für Seekrankheit, schätzen diesen Schutz.

Touristen lieben die Strecke aber auch, weil sie an schneebedeckten Berggipfeln, Gletschern, Wasserfällen und einsamen Küsten vorbeiführt, zu denen es keine Straße gibt. Die Wildnis lebt: Im Wasser

sind Delfingruppen häufige Reisebegleiter, im Frühjahr und Herbst sind Buckel- und Grauwale zwischen Kalifornien und der Arktis unterwegs. Orcas, Killerwale, jagen ganzjährig zwischen den Inseln, insbesondere rings um Vancouver Island. Die Inside Passage gilt als weltweit bestes Revier, um Orcas zu beobachten. Robben sind

7

8

5

6

Strecke – 15 Stunden im Sommer – führt von Port Hardy im Norden von Vancouver Island nach Prince Rupert nahe der Grenze zu Alaska. Hier gibt es Anschlüsse an Fähren nach Haida Gwaii, den einstigen Queen Charlotte Islands, und mit den Fährschiffen des Alaska Maritime Highway bis hoch hinauf in den größten US-Staat. Die BC-Fähren haben auf dieser langen Strecke auch einige Kabinen an Bord, zumal die Fahrt im Winter bis zu 20 Stunden dauern kann.

überall anzutreffen. Hoch über dem Wasser ziehen die Weißkopf-Seeadler ihre Kreise, und am Ufer sind im Frühling oft Grizzlies und Schwarzbären zu sehen, die sich nach dem Winterschlaf an Vegetarischem gütlich tun.

Im Sommer sieht man neben den Bären bisweilen auch Bergziegen in den Niederungen. Im Herbst

kann man Grizzlies und Schwarzbären beinahe an jeder Mündung antreffen, weil sie nun leichte Beute machen können dank der vielen Lachse, die in ihre Laichflüsse streben. Dann erblickt man bisweilen auch weiße Kermode-Bären, eine Unterart der Schwarzbären, die von den Indianern als *Spirit Bears* verehrt werden.

Zur Hochsaison ziehen hier auch Kreuzfahrtriesen ihre Bahn, meist von Seattle kommend, wo es sommers eine Fährlinie nach Vancouver Island in Kanada gibt. Allgegenwärtig sind aber die »BC Ferries«, teilweise in Flensburg gebaute Fährschiffe der Provinz British Columbia, die viele kleine Küstenorte anlaufen. Ihre längste

Die ungewöhnlichste Seereise offeriert in der Inside Passage aber die »MV Aurora Explorer«, ein kleinerer Frachter, der bis zu zwölf Passagiere mitnimmt, wenn er auf seinen fünftägigen Rundfahrten durch enge Passagen die kleinen Weiler oder Holzfäller-Camps an der wilden Küste versorgt.

Die Nationalparks Banff und Jasper bilden mit ihren Pendants in British Columbia, Kootenay und Yoho, sowie den BC-Provinzparks Mount Robson, Mount Assiniboine und Hamber gemeinsam den Canadian Rocky Mountains Park. Westlich der Gipfelkette senkt sich die Landschaft in Täler, deren größtes, das Okanagan Valley, dank seiner geschützten Lage zwischen Rockies und Coast Mountains ein beliebtes Weinbau- und Urlaubsgebiet wurde für die *Vancouverites* (so nennen sich die Bürger von Vancouver). Das etwa 250 Kilometer lange Tal – eine der wärmsten Gegenden Kanadas – war früher vornehmlich als Produzent von Obst und Gemüse bekannt. Heute birgt es mehr als 80 Prozent aller Weinanbauflächen der Provinz. Die Hauptrebsorten sind für Weißweine Pinot Gris und für Rotwein Merlot. Es gibt zwei Klassifi-

Idylle im Kokanee Glacier Provincial Park: der Keen-See bei Nelson, BC (linke Seite oben). Flatterhafter Besucher (linke Seite unten). Ground Squirrels, Erdhörnchen, sehen zwar putzig aus, können aber, wenn sie in Siedlungen einfallen, mit ihren Tunnelgängen Schaden anrichten (links).

Seite 144/145:
Liebling der Fotografen: Blick vom Stanley Park auf das Zentrum von Vancouver.

kationen: Weine der *Vinters Quality Alliance* (VQA) und die nach weniger strengen Qualitätskriterien gekelterten *Wines of Distinction*, die aber ausschließlich von Trauben aus British Columbia hergestellt werden dürfen.

Die seit Jahren wachsende Weinwirtschaft im Okanagan Valley, und auf den vorgelagerten Inseln hat die Millionenstadt Vancouver klug genutzt, sich auch als Weinmetropole zu präsentieren. Aus einem kleinen Weinfest, das 1979 zur Unterstützung eines Theaters ins Leben gerufen wurde, ist mittlerweile ein internationales Festival im Februar/März mit mehr als 25 000 Besuchern geworden. Eine Idee, die als Wine & Jazz Festival clevere Nachahmer fand – in Vancouver, einer Stadt im benachbarten US-Bundesstaat Washington.

Fortsetzung Seite 146

Ogopogo: monströs und sehr scheu

Der wohl bekannteste lebende (?) Einwohner von British Columbia ist zugleich der unbekannteste: Von Ogopogo gibt es nur ein paar verhuschte Fotos, ein frei erfundenes Denkmal in Kelowna und seit 1990 eine Briefmarke der kanadischen Post, die ebenfalls der Künstler-Fantasie entstammt. Ogopogo taucht ab, wenn man sich mit Kameras nähert – im wahrsten Sinne des Wortes, denn das Fabelwesen residiert im Lake Okanagan. Mit hohem Kopf wie der Bug eines Wikingerschiffs und mindestens drei aus dem Wasser ragenden Bogen des Schlangenleibes soll die Bestie die Wogen durchpflügen. Der Steckbrief macht es deutlich: Es handelt sich zweifelsfrei um einen engen Verwandten von Nessie, dem tourismusfördernden Monster im schottischen Loch Ness. Der aufblühende Fremdenverkehr im Weinbaugebiet Okanagan wird die Zahl der Ogopogo-Sichtungen steigern, mancher wird das – nach einem Foxtrott benannte – Getier sicher sogar doppelt sehen.

Vancouver: Metropole mit Alte-Welt-Charme

Der Name der kanadischen Stadt Vancouver taucht zuverlässig immer dann auf, wenn irgendwo in der Welt die Top Ten der schönsten oder lebenswertesten Städte der Welt zusammengestellt werden. Das ist sicherlich der Lage am Pazifik mit ihren vorgelagerten Inseln, den Uferparks und einem Saum von dicht bewaldeten Bergen zu verdanken, die oft noch fotogene Schneekappen tragen, wenn in der Stadt schon frühlingshafte Temperaturen herrschen. Die Enge zwischen Ozean und Coast Mountains führte zu einer Stadtplanung, die, um Grün- und Freiflächen zu erhalten, stark auf Wohnhochhäuser setzt. Folglich ist Vancouver mit seinen gut 600 000 Einwohnern die dichtbesiedelteste Stadt Kanadas. Dass hier das Zusammenleben relativ konfliktfrei abläuft, ist zum einen dem friedfertigen Naturell der Kanadier und der speziell im Westen entspannten Lebensauffassung zu verdanken. Zum anderen fördert auch die Internationalität der Stadt die Toleranz ihrer Bürger: Mehr als 50 Prozent sind mit einer nicht-englischen Muttersprache aufgewachsen, jeder Dritte ist asiatischer, meist chinesischer Herkunft. Daher auch der Spitzname *Hongcouver*.

Es ist ein typischer Frühlingstag in Vancouver, der Himmel strahlt in sattem Blau, die Brise ist noch frisch, aber in der Sonne möchte man sofort raus aus dem Pulli. Ein Taxi bringt uns zur Denman Street, wo sich ein paar Blocks vom Stanley Park entfernt mehrere Fahrradverleiher angesiedelt haben. Der Taxifahrer klagt über schlechte Geschäfte: »2010 war Spitze, seither geht's bergab.« In diesem Jahr richtete Vancouver gemeinsam mit dem Skiort Whistler die Olympischen Winterspiele aus. Whistler wandelte sich erst 1966, als die ersten Skilifte arbeiteten, zu einem Wintersportort – und bewarb sich keck für die Olympischen Winterspiele von 1968. Das klappte zwar erwartungsgemäß nicht, aber Whistler und sein Nachbarort Blackcomb bilden heute gemeinsam das größte Skirevier Nordamerikas.

Der Fahrradmann kann sich im Gegensatz zum Taxilenker nicht beklagen: »Im Frühjahr wollen alle mit Bikes in den Park.« Wir auch. Wir wollen wie jedes Jahr acht Millionen andere Besucher wieder den berühmten Blick von der Halbinsel auf die Skyline der Stadt genießen, schauen, ob die Totempfähle am Brockton Point gut über den Winter gekommen sind, wollen unsere 8,8-Kilometer-Runde auf dem Seawall rund um den Park drehen, durch Kanadas größtes Aquarium schlendern und im Café am Prospect Point unweit der Lion's Gate Bridge einkehren.

Dort fällt uns beim Cappuccino die Geschichte von John Clough ein, die früher jeder *Vancouverite* kannte, die aber inzwischen in Vergessenheit geraten ist. John lebte in einer selbst gebauten Hütte auf dem Gelände, das später der Stanley Park werden sollte. Seine Aufgabe war es, abends die Straßenlaternen zu entzünden; sein Vergnügen war es jedoch, ein paar über den Durst zu trinken. Mr. Clough landete wegen Trunkenheit so oft im Gefängnis, dass ihn die Polizei, so die lokale Legende, praktischerweise gleich zum Gefängniswärter machte.

Die drittgrößte Stadt Kanadas teilt mit der zweiten, Montréal, ein Schicksal: Sie sind die wichtigsten Zentren ihrer Provinz, aber nicht deren Hauptstädte. British Columbia wird vom beschaulichen Victoria

Mouth watering: Im Public Market auf Granville Island in Vancouver offerieren mehr als 100 Stände Delikatessen (oben). Ein Ableger aus Chinatown auf dem West Broadway, einer populären Einkaufsmeile in Vancouver (unten). Jeder in Vancouver kennt die Lions Gate Bridge (rechte Seite), ein Wahrzeichen der Stadt. Weniger bekannt ist ihr offizieller Name: First Narrows Bridge.

Seite 148/149:
Der alte Hafen von Vancouver hat – wegen der Wasserfluglinien nach Vancouver Island – auch eine internationale Kennung als Flughafen.

Fortsetzung Seite 150

auf Vancouver Island aus regiert. Deshalb pendeln ständig Wasserflugzeuge und Hubschrauber zwischen den Häfen beider Städter hin und her – der 30-minütige Flug ist ein Erlebnis. Und wenn die kleinen Flieger mitten in den alten Hafen hineinbrausen, bildet die Schokoladenseite der Hauptstadt die postkartenschmucke Kulisse mit dem pompösen Parlamentsbau und dem schlossartigen, teilweise efeüberwucherten Fairmont Empress Hotel. *The Empress*, 1908 eröffnet, hat viel zum Ruf Victorias beigetragen, besonders britisch zu sein, nicht zuletzt wegen seiner *Afternoon Teas*, die ganz in englischer Tradition zumindest in den Sommermonaten in der Tea Lounge serviert werden. Jähr-

lich genießen laut Hotel 75 000 Gäste diesen kulinarischen *Old World Charme*, der nirgendwo besser hinpasst als in dieses Haus, dann daran erinnert, dass Königin Victoria auch die Kaiserin von Indien war. Kein Wunder, dass »Queen Mum«, die überaus beliebte, 2002 verstorbene Mutter der amtierenden Königin, nach einem Besuch in Vancouver gesagt haben soll: »Dies scheint mir ein Ort zu sein, an dem ich leben könnte.«

Die Hauptstadt Victoria ist mit mildem Klima gesegnet und bekannt für seine prächtigen Gärten, allen voran die mehr als 100 Jahre alten Butchart Gardens. Sie sind immer noch im Besitz der Familie

Festlich beleuchtet: das Parlament von Victoria (linke Seite) auf Vancouver Island, BC. Im Vordergrund der Hafen. Die Kuppel des Parlaments ist ein besonderes Schmuckstück (unten). Die mehr als 100 Jahre alten Butchard Gardens bei Victoria gehören zu den bekanntesten und meistbesuchten Schaugärten in Kanada (links).

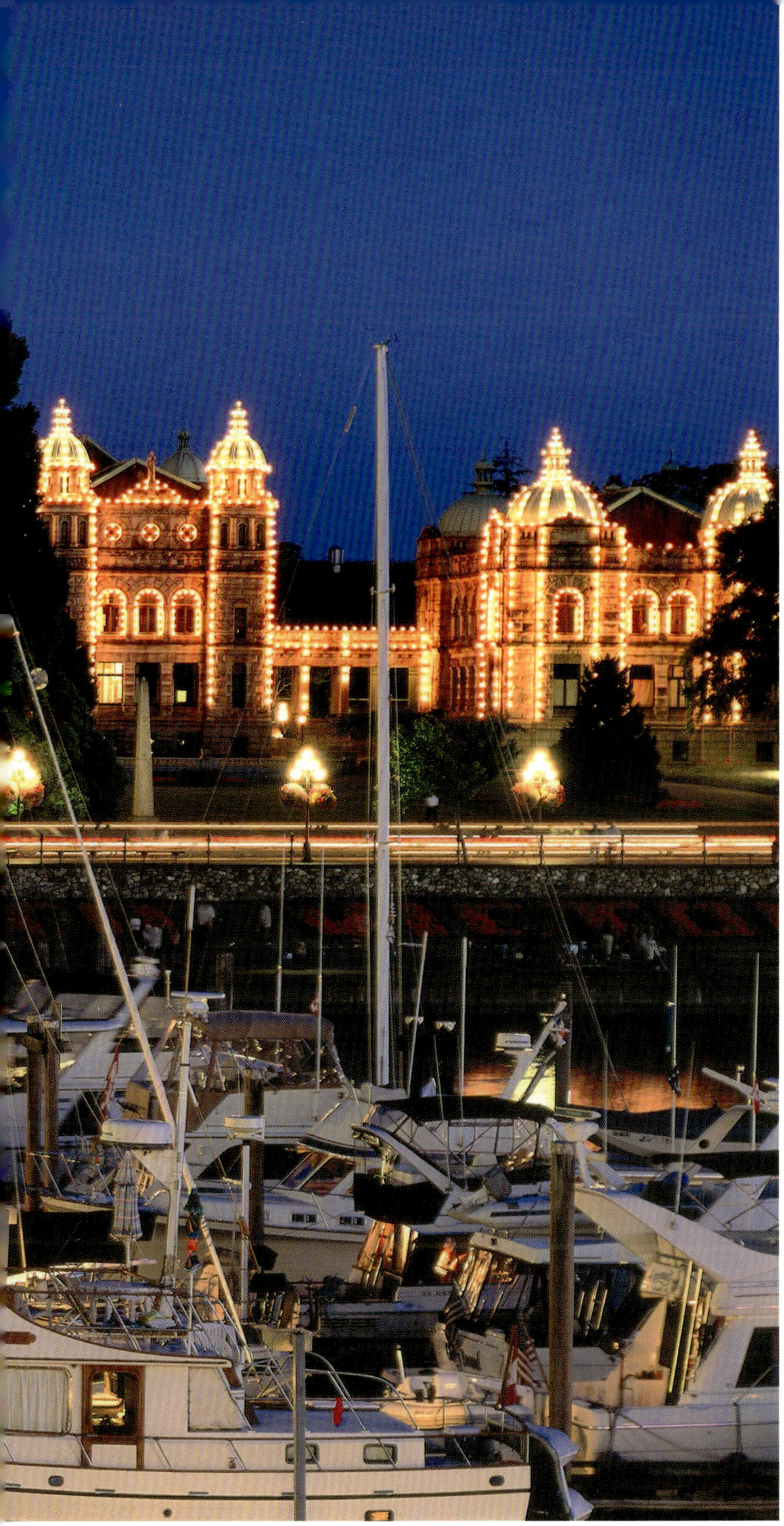

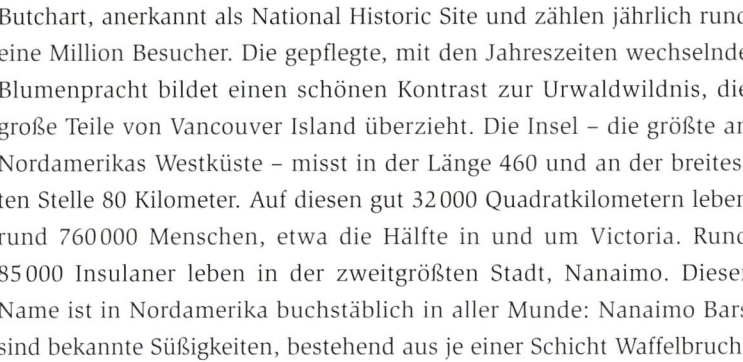

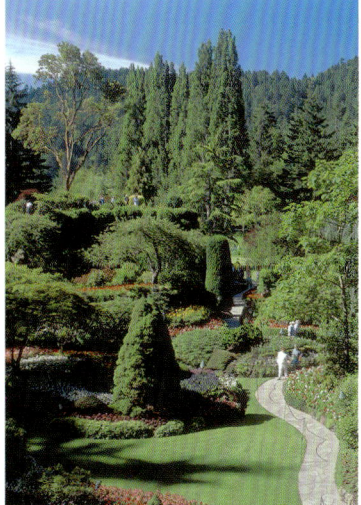

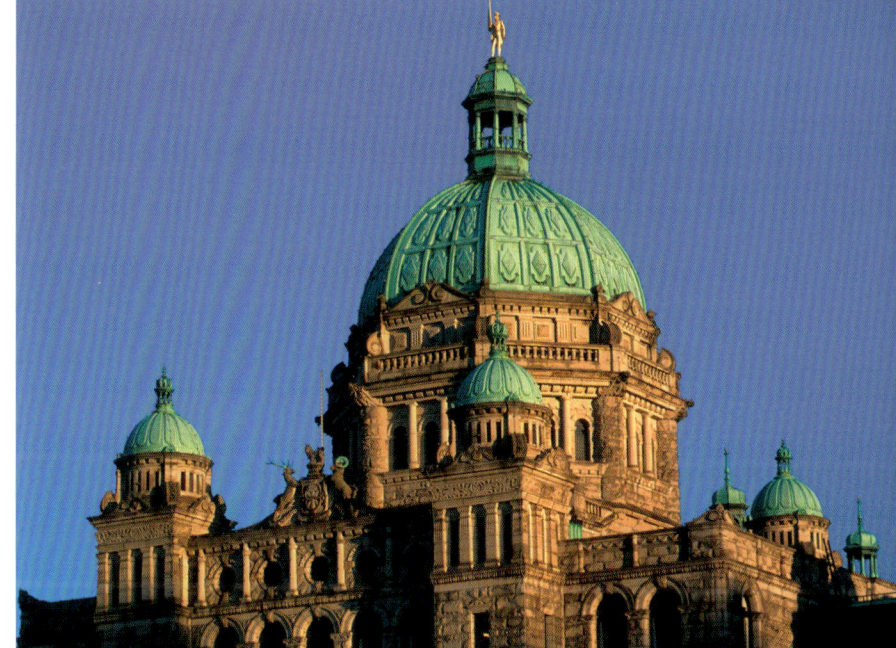

Butchart, anerkannt als National Historic Site und zählen jährlich rund eine Million Besucher. Die gepflegte, mit den Jahreszeiten wechselnde Blumenpracht bildet einen schönen Kontrast zur Urwaldwildnis, die große Teile von Vancouver Island überzieht. Die Insel – die größte an Nordamerikas Westküste – misst in der Länge 460 und an der breitesten Stelle 80 Kilometer. Auf diesen gut 32 000 Quadratkilometern leben rund 760 000 Menschen, etwa die Hälfte in und um Victoria. Rund 85 000 Insulaner leben in der zweitgrößten Stadt, Nanaimo. Dieser Name ist in Nordamerika buchstäblich in aller Munde: Nanaimo Bars sind bekannte Süßigkeiten, bestehend aus je einer Schicht Waffelbruch, Vanillecreme und geschmolzener Schokolade. Die Stadt hat einen Nanaimo Bar Trail, rät aber davon ab, bei jedem Stopp auf diesem Spazierweg einen solchen Riegel zu futtern.

Andere Gefahren birgt der 75 Kilometer lange West Coast Trail entlang der oft regenfeuchten wilden Westküste. Auf dem Pfad durch einen Teil des Pacific Rim National Park darf man nur mit Erlaubnis der Parkverwaltung wandern, Voraussetzung dafür ist die Einweisung durch einen Ranger. »Die Wanderung kann beängstigend und schwierig sein, aber sie bietet auch zahlreiche Augenblicke extremer Schönheit«, heißt es auf der Website von Parks Canada. Die Parkwächter haben gute Ratschläge parat für die Wanderer, etwa: »Kleidungsstücke, die sie beim Kochen Ihres Abendessens getragen haben, sollten nächtens außerhalb des Zeltes untergebracht werden, weil sie Essensgerüche verströmen könnten.« Damit's nicht müffelt in der textilen Behausung? Mitnichten, aber wer hat schon gern zu Mitternacht einen verfressenen Bären im Zelt? Wir sind in Kanada, eh!

Totempfähle als Wahrzeichen

Die indianischen Kulturen im Nordwesten

1

2

3

Totempfähle im indianischen Museumsdorf Ksan bei Hazelton, BC (1). Traditioneller Putz zum Pow Wow (2). Der Künstler Wayne Carlick vom Stamm der Tlingit in Vancouver bei der Arbeit (3). Totempfahl in Gitanyow im Nordwesten von British Columbia. Der Ort ist bekannt für die Vielzahl seiner Totempfähle (4). Wayne Carlick hat einen Fisch gefertigt (5). Pow Wow in Chase, BC (6). Einer der Totempfähle im Stanley Park in Vancouver, dem größten Stadtpark Kanadas, die an die früheren Bewohner erinnern sollen (7).

Seite 154/155:
Ausfahrt in der Nähe des Near Wells Gray Provincial Park, BC: Wenn Snowmobiles schon Trassen angelegt haben, kommen auch Schlittenhund-Gespanne leichter voran.

Es gibt wohl kaum ein Museum in Kanada, das sich irgendwie mit der Kultur der Ureinwohner beschäftigt und nicht einen Totempfahl besitzt. Die geschnitzten und symbolträchtigen Baumstämme sind geradezu das Markenzeichen der kunstfertigen Indianer im Nordwesten Amerikas, vor allem in British Columbia, aber auch in den angrenzenden US-Staaten. Rund 700 000 Indianer leben in Kanada, etwa 20 Prozent von ihnen in British Columbia – eine recht geringe Zahl angesichts von gut 4,4 Millionen Einwohnern in der Provinz. Dennoch wirken die Angehörigen der *First Nations*, wie die Indianer in Kanada politisch korrekt genannt werden, viel präsenter, als es ihre Anzahl vermuten lässt.

Das liegt an der kulturellen Vielfalt, die vor allem die Stämme an der Küste vorzuweisen haben: die Heiltsuk, Nuu-chah-nulth, Kwakwaka'wakw, Tsimshian, Nisga'a, um nur einige zu nennen. Den Küstenstämmen ging es stets recht gut, das Meer sorgte und sorgt für üppige Nahrung, die Wälder nicht nur für reiche Jagdbeute, sondern auch für Bau- und Feuerholz im Überfluss. So konnten und können sich die Stammesangehörigen auch Tätigkeiten widmen, die nicht ihrem Lebensunterhalt dienten, etwa Kunstwerke schaffen. Die beiden bekanntesten Stämme, die Tlingit und vor allem die Haida, werden über die Provinzgrenzen hinaus als Kunsthandwerker geschätzt.
Eines der wichtigsten Siedlungsgebiete der Haida sind die Queen Charlotte Islands, die mit Prince

4

Rupert per Fähre verbunden sind. 2009 erreichte es der Stamm, dass der – nach einer deutschen Prinzessin und englischen Königin benannte – Archipel in Haida Gwaii umbenannt wurde. Die Inseln, ohnehin schon aktiv für Angel- und Abenteuerurlauber, haben sich in den letzten Jahren auch auf Haida-Kultur-Tourismus spezialisiert, ins-

7

5

6

besondere seit 2007 das Haida Heritage Centre in Skidegate auf Graham Island eröffnet wurde, ein Museum, in dem man auch Künstlern beim Kanubau oder beim Schnitzen von Totempfählen zusehen kann. Die Pfähle der Haida zeigen meist als wichtigstes Totemtier den Raben, der als Krafttier übrigens auch in anderen amerikanischen Urkulturen eine zentrale Rolle spielt.

Die zum Teil riesigen Schnitzereien dienten im Nordwesten häufig dazu, den Reichtum eines Clans oder Stammes darzustellen, sie entstanden meist zu Anlässen wie Hochzeiten oder *Potlachs*, Festen, zu denen wohlhabende Clanchefs demonstrativ große Geschenke machten. Heute werden die Künstler oft von Museen, staatlichen Stellen oder Firmen beauftragt, einen solchen Pfahl zu schnitzen. Ein Schnitzer braucht für einen großen Baumstamm meist sechs bis zwölf Monate und die Besteller müssen in der Regel mit einem sechsstelligen Betrag rechnen.

Das Haida Heritage Center besitzt eine attraktive Sammlung von Totempfählen, die populärste Kollektion steht im Stanley Park in Vancouver. Attraktiv sind auch die Totemstämme im Royal British Columbia Museum in Victoria auf Vancouver Island und im Museum of Anthropology der Universität von British Columbia in Vancouver. Die beiden Museen zeigen überdies zahlreiche weitere Exponate zur Kultur der *First Nations* im Nordwesten, etwa Masken oder Schmuck.

Coole Wildnis im hohen Norden

Die Territorien Yukon, Northwest und Nunavut

Der Dempster Highway im Yukon bietet viel für Fotografen (oben). Angler-Camp am Whitefish Lake in den Barrenlands der Northwest Territories (unten). Ein abgeworfenes Karibu-Geweih in den herbstlichen Barrenlands. Bei den Karibus tragen auch Weibchen Geweihe (rechte Seite).

Damals, als sich aus der kanadischen Wildnis an der Atlantik-küste und entlang des St.-Lorenz-Stroms die ersten kanadischen Provinzen formten, lag alles unerforschte Land im Norden und im Westen. Und als die Hudson's Bay Company vom Norden her ihr Pelzhandelsimperium, *Rupert's Land*, errichtete, blieb daneben auch der Name *Northwest Territories* geläufig. Er wurde zur offiziellen Bezeichnung, nachdem Ottawa der Company ihr Land abgekauft hatte. Aus diesem riesigen Gelände wurde erstmals im Jahr 1898 ein Stück herausgelöst: das Yukon Territory, das wegen des Goldrausches eine eigene Verwaltung benötigte. 1905 entstanden aus den *Northwest Territories* die Provinzen Saskatchewan und Alberta. 1912 bildeten sich die Nordgrenzen von Québec, Ontario und Manitoba. Die *Northwest Territories* – seit dem Jahr 1967 ist Yellowknife ihre Hauptstadt – waren immer noch 3,4 Millionen Quadratkilometer groß, sie konnten also gut noch einmal geteilt werden: 1992 entstand nach dem Wunsch der Inuit ihr zwei Millionen Quadratkilometer großes Nunavut-Territorium.

Goldland Yukon

Von den drei subarktischen und arktischen Territorien ist Yukon zwar das kleinste, aber das international weitaus bekannteste. Es misst gut 482 000 Quadratkilometer (zum Vergleich: Deutschland hat gerade mal 357 000 Quadratkilometer), ist aber mit weniger als 35 000 Einwohnern recht dünn besiedelt. Dass im Yukon in Windeseile kleine Städte gezimmert wurden, in denen die Zahl der Kirchen nie an die der Bordelle heranreichte, ist typisch für Goldrauschzonen. Ungewöhnlich war am Yukon aber, dass dort ebenso schnell eine eigene Literatur entstand. Eine Literatur, die diesen Qualitätsbegriff verdient, die aber auch von den *Diggern* als ihre Sprache akzeptiert wurde, selbst wenn sie sich die Texte vorlesen lassen mussten.

»This is the Law of the Yukon / That only the Strong shall thrive / That surely the Weak shall Perish / And only the Fit survive« – Zeilen von Robert Service (1874–1958), dem wohl meistzitierten Dichter Kanadas. Service, außerhalb Nordamerikas weithin unbekannt, ist als *Poet of the Yukon* zur Symbolfigur für das subarktische Territorium an der Grenze zu Alaska geworden. Die *Yukoners* fühlten sich von Service besser verstanden als vom viel berühmteren Jack London, dessen »Call of the Wild« den Yukon international bekannt gemacht hat. In den Sommerwochen gibt es in Dawson regelmäßig Lesungen aus den Werken von Service und London.

Die Historie des Yukon begann, wie überall in Kanada, lange vor Ankunft des weißen Mannes. An den Goldflüssen lebten schon seit mindestens 30 000 Jahren Menschen, wie archäologische Funde belegen. Daraus haben sich der Wildnis perfekt angepasste indianische Stammeskulturen entwickelt. Aber all das war vergessen, als 1896 der Ruf »Ho for he Klondike!« erklang. Binnen weniger Jahre wurde Gold im Wert von etwa 95 Millionen Dollar gefunden, eine damals unglaubliche Summe. 1903 war es dann vorbei mit dem Goldrausch am Bonanza Creek. Doch am Yukon entwickelte man rings um die goldenen Jahre für die Hauptstadt Whitehorse und Dawson City ein touristisches Programm, das zum Markenzeichen für das Territorium wurde. Die meisten Touristen kommen wohl wegen der Natur, wegen Kanutouren auf Flüssen und Seen, wegen Bär- und Moose-Beobachtungen. Doch die benachbarten Regionen bieten das auch in ihrem Marketingslang: Der Goldrausch ist der *Unique Selling Point* (USP), das Alleinstellungsmerkmal, des Yukon.

Wendisch Evern (Kreis Lüneburg) kennt nicht jeder – es sei denn, er stand einmal vor dem Signpost Forest in Watson Lake. Ein Soldat mit Heimweh aus Illinois hämmerte dort 1972 sein Ortsschild an einen Pfosten – seither wurden es mehr als 77 000 (oben). Der Hardware Store in Dawson City birgt (fast) alles, was ein Mann braucht (Mitte). Haida-Stammesangehörige im Gwaii-Haanas-Nationalpark (unten).

Seite 160/161:
Bei den Lady Evelyn Falls in den Northwest Territories stürzt der Kakisa River spektakulär 15 Meter in die Tiefe.

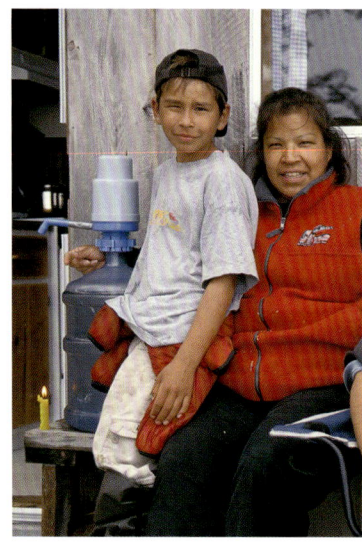

Schimmerndes Nordlicht

Ein USP fehlt den Northwest Territories, die meist NWT abgekürzt werden. Der Fremdenverkehr ist zwar nicht die einzige Möglichkeit, Arbeitsplätze zu schaffen, aber Reiseangebote lassen sich leichter entwickeln als beispielsweise Bergwerke oder Ölraffinerien. Die NWT haben es immerhin geschafft, sich einen Namen als attraktives Ziel für Angler zu machen. Neben den Flüssen und kleineren Seen sind vor allem die beiden größten Seen des Landes jenseits der Great Lakes an der kanadisch-amerikanischen Grenze, der Große Bärensee (31 153 Quadratkilometer) und der – nach dem Indianerstamm der Slavey benannte – Große Sklavensee (28 568 Quadratkilometer) erwähnenswert. Yellowknife, die Hauptstadt der NWT, liegt am Nordufer des Großen Sklavensees und ist erst seit Ende 2012 über den Yellowknife Highway

Map labels

Beaufort Sea

MELVILLE
ISLAND

CORNWALLIS
ISLAND

DEVON
ISLAND

M'Clure Strait

Resolute

0   250 km

Wiseman

BANKS
ISLAND

Sachs Harbour

SOMERSET
ISLAND

PRINCE
OF WALES
ISLAND

Arctic
Bay

ALASKA
(USA)

Arctic Circle

Aklavik

Holman

VICTORIA
ISLAND

Fairbanks

Inuvik

Read Island

Cambridge Bay

KING
WILLIAM
ISLAND

Mackenzie Mountains

Coppermine

Gjoa Haven

Tetlin
Junction

Dawson City

YUKON
TERRITORY

Great Bear
Lake

Bathurst Inlet

NUNAVUT

Wager Bay

Alaska
Highway

Beaver
Creek

Carmacks

Mackenzie River

Hottah
Lake

Thelon Wildlife Sanctuary

Mount
Logan
6050 m

KLUANE
NATIONAL PARK

Rocky Mountains

Dubawnt Lake

Chesterfield Inlet

Whitehorse

Coastal Mountains

NORTHWEST
TERRITORIES

Yellowknife

Hudson
Bay

Skagway

NAHANNI
NATIONAL PARK

Fort Simpson

Snowdrift

Inside Passage

Watson Lake

Fort Providence

Great Slave
Lake

Juneau

Fort Liard

Hay River

Eskimo Point

BRITISH
COLUMBIA

WOOD BUFFALO
NATIONAL PARK

Alaska
Highway

ALBERTA

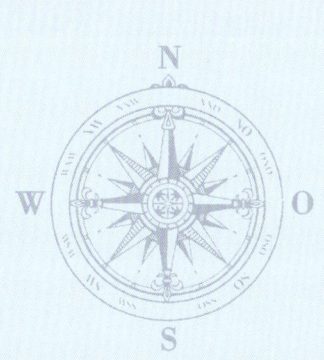

N

W   O

S

Totempfähle gelten als Wahrzeichen indianischer Kultur und Geschichte im Nordwesten von Kanada. Sie wurden allerdings auch von indianischen Stämmen in anderen Regionen angefertigt (links). Als einer der besten Schnitzer unter den First Nations galt Bill Reid, dessen Skulptur »Der Rabe und die ersten Menschen« (oben) im Museum für Anthropologie in Vancouver zu finden ist.

Jack Londons Yukon-Winter im »Kühlschrank«

Wie Tausende andere kam Jack London (1876–1916) 1897 in den Yukon, um Gold zu finden und reich zu werden. Und wie bei Tausenden anderen ging das schief. Aber der junge Kalifornier stieß auf eine andere Goldmine: Bestseller-Themen. Im Goldrauschfieber des Nordens fand er Storys und Figuren für einige seiner ersten Romane und Kurzgeschichten. Schon sein erster Yukon-Roman »A Daughter of the Snows« (1902) setzt dem kanadischen Territorium ein Denkmal, das gilt umso mehr für sein bekanntestes Werk »Call of the Wild« (1903). London verbrachte 1897/98 einen Winter in einem kleinen Blockhaus (»Kühlschrank«) in der Wildnis. Da er schwer an Skorbut erkrankte, verließ er die Goldrausch-Region, »lebte« aber literarisch noch einige Jahre dort. Yukon dankte es London mit einem Museum in Dawson City, wo auch seine *cabin* am Henderson Creek originalgetreu nachgebaut wurde. Dort sind freilich alle Yukon-Werke Londons erhältlich.

mit dem 339 Kilometer entfernten Mackenzie Highway verbunden und damit an Kanadas Fernstraßensystem angeschlossen. Notwendig war dazu eine Brücke bei Fort Providence über den Mackenzie River. Yellowknife ist dank seines jumbotauglichen Flughafens auch das touristische Zentrum der Northwest Territories – als besondere Attraktion erwies sich in den letzten Jahren *Aurora Borealis*. Selbst aus Japan fliegen Reisegruppen ein, um das Nordlicht zu erleben.

Die meisten Besucher statten in Yellowknife dem historischen »Wildcat Cafe« und der »Golden Range Bar« einen Besuch ab. Das 1937 eröffnete Café, ein Blockhaus, drohte vor einigen Jahren einzustürzen. Daraufhin wurde es zerlegt und an einer besser geeigneten Stelle wieder aufgebaut. Ein Nachbau der Hütte hat es sogar ins Museum geschafft:

in das Canadian Museum of History in Gatineau bei Ottawa. Und die zu einem gleichnamigen Hotel gehörende »Golden Range Bar« soll zeitweise mehr Bier verkauft haben als jede andere Kneipe in Kanada – und das in einer Stadt mit weniger als 20 000 Einwohnern! Die Bar ist in mehreren Romanen verewigt, unter anderem in »Solomon Gursky Was Here« des kanadischen Starautors Mordecai Richler (1931–2001).

Eine der attraktivsten Wildnisstraßen Kanadas, der 736 Kilometer lange Dempster Highway, verbindet den Yukon mit den Northwest Territories und die einstige Goldgräber-Metropole Dawson City mit Inuvik am Arktischen Meer. Namenspate der ganzjährig befahrbaren Schotterstraße war ein *Mounty* der Royal Canadian Mounted Police, der oft mit seinem Hundeschlittengespann zwischen Dawson City und Fort McPherson

Ein Licht in der Wildnis: Anglerhütte am Whitefish Lake in den Barrenlands (linke Seite). Polarlichter (Aurora Borealis) wabern über den Himmel der Northwest Territories (oben). Wohnmobil-Touristen schätzen den Dempster Highway in Yukon als Piste in die Mitternachtssonne (links).

1

2

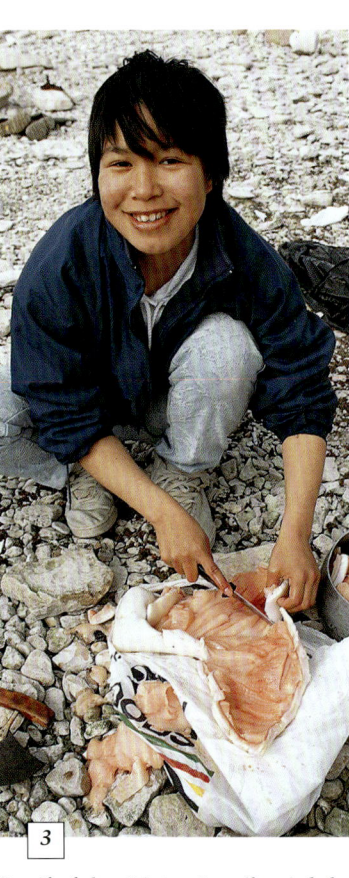

3

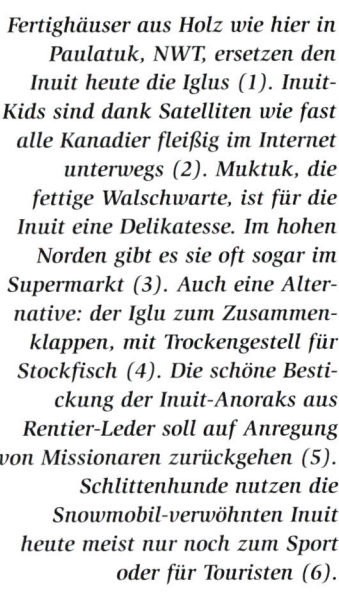

4

Fertighäuser aus Holz wie hier in Paulatuk, NWT, ersetzen den Inuit heute die Iglus (1). Inuit-Kids sind dank Satelliten wie fast alle Kanadier fleißig im Internet unterwegs (2). Muktuk, die fettige Walschwarte, ist für die Inuit eine Delikatesse. Im hohen Norden gibt es sie oft sogar im Supermarkt (3). Auch eine Alternative: der Iglu zum Zusammenklappen, mit Trockengestell für Stockfisch (4). Die schöne Bestickung der Inuit-Anoraks aus Rentier-Leder soll auf Anregung von Missionaren zurückgehen (5). Schlittenhunde nutzen die Snowmobil-verwöhnten Inuit heute meist nur noch zum Sport oder für Touristen (6).

Streife fuhr. Hinter Inuvik wird der Highway zurzeit um knapp 200 Kilometer verlängert bis Tuktoyaktuk. Die Strecke soll 2018 eröffnet werden, derzeit ist sie nur als »Eisstraße« im Winter zu befahren, wenn das Mündungsdelta des Mackenzie River solide zugefroren ist.

Nunavut: Narwale und Kunst

Das dritte Territorium, Nunavut, ist so groß wie Westeuropa und wird von etwa 30 000 Menschen, meist Inuit, bewohnt. Nunavut, das in der Inuit-Sprache »Unser Land« bedeutet, muss sich um einen USP nicht sorgen: Das Revier im Norden, vornehmlich die arktischen Inseln, kann ein einzigartiges Tierleben vorweisen. Bei Wildbeobachtungstouren

5

6

sehen die Gäste – je nach Region – Eisbären, Moschusochsen, große Karibuherden, Seehunde und Walrösser, um nur die großen Exemplare der arktischen Fauna zu Lande zu nennen. Im Arktischen Ozean lassen sich oft Grönlandwale beobachten. Nunavut gilt überdies als das beste Revier der Welt, um die weißen Beluga-Wale zu sehen. Sie treten meist in Gruppen von vier und mehr Tieren auf, es wurden aber auch schon Schulen von mehr als 20 Belugas gesichtet. Auch ein märchenhaft anmutender Vertreter dieser Meeressäuger, der Narwal, ist in diesen Gewässern heimisch. Mit seinem bis zu drei Meter langen und spitz aus dem Maul ragenden Zahn wirkt er wie das Einhorn der Meere. Wozu diese ungewöhnliche Ausstattung dient, ist den Biologen immer noch ein Rätsel.

Eine Besonderheit von Nunavut sind *Sinaaq*-Fahrten im Frühling. *Sinaaq* nennen die Inuit große flache Eisschollen, auf denen man sich von Wind und Strömung treiben lassen und die Meerestiere beobachten kann. Die Eisplatten sind bisweilen mehrere Quadratkilometer groß. Bei einer solchen *Floe Edge Tour* vor Resolute auf Cornwallis Island haben unsere Inuit-Führer einmal sogar ein leichtes Zelt als Windschutz und einen kleinen Kocher für die Teepause aus dem Kanu geholt. Von den weißen Schollen aus lassen sich auch gut vorüberdriftende Eisberge in bisweilen bizarren Formen fotografieren – Kunstwerke aus Schneeflocken, die vor 10 000 Jahren gefallen sind.

Stichwort Kunst: Auf seiner Tourismus-Website behauptet Nunavut, es habe im Verhältnis zur Bevölkerung mehr Künstler als jeder andere Ort der Welt. Das mag stimmen, denn in zahlreichen Inuit-Gemeinden haben sich in den letzten Jahrzehnten Kunsthandwerks-Kooperativen gebildet, in deren Angebot sich auch oft Werke von hoher Qualität finden. Anlass für diese Entwicklung war die wachsende Nachfrage vor allem nach – meist kleineren – Skulpturen aus unterschiedlich harten und gemusterten Steinen; Plastiken, die sich vielfach durch elegante Abstraktion auszeichnen. Aber auch die textilen Arbeiten zeugen oft von hoher Fertigkeit, denn zumindest die älteren Inuit-Frauen haben noch gelernt, alle Kleidungsstücke für die Familie in Handarbeit selbst anzufertigen, oft aus Tierfellen. Heute tragen viele Stoffe traditionelle Inuit-Muster, ein spezielles Mitbringsel für junge Mütter ist ein *amauti*, ein häufig per Hand bestickter Parka, dessen Kapuze als Sitzplatz für ein Baby ausgearbeitet ist.

Das populärste Reiseziel in Nunavut ist dessen Hauptstadt Iqaluit, das frühere Frobisher Bay, auf Baffin Island (auf Inuktitut: *Qikiqtaaluk*). Unter den Besuchern sind allerdings viele Familienangehörige und Geschäftsreisende. In bislang noch geringer, aber wachsender Zahl sind in Nunavuts Gewässern auch Kreuzfahrtschiffe unterwegs. Wie und wo auch immer: Willkommen heißt *Tunngahugi*.

Goldrausch am Klondike

Wie der Yukon entstand

»Hightech« beim Goldwaschen um 1890 am Saskatchewan River (1). Klassisches Goldwaschen mit der »Pfanne«, auch um 1890 (2). Camp der Goldsucher am Fuß des White Pass (3). Eine Schaufensterpuppe als Erinnerung an wildere Tage in Dawson City (4). Im Diamond Tooth Gerties in Dawson City lebt der Can Can der Goldrausch-Tage fort (5). Goldrausch-Komfort: das Yukon Hotel und Restaurant (6). Nuggets, von denen die Männer am Klondike träumten (7 und 8).

*Seite 168/169:
Ein wahrhaft exklusives Revier: Eisberge im Otto-Fjord auf Ellesmere Island.*

Gold! Gold! Gold! Gold!« – die Schlagzeile der morgendlichen Extraausgabe des »Seattle Post-Intelligencer« lockte am 17. Juli 1897 Tausende zum Hafen. Als der aus Alaska kommende Dampfer »SS Portland« in Seattle festmachte, wollte die jubelnde Menge das Gold sehen. Hatte die Zeitung doch berichtet, an Bord seien 68 Männer, die dank der Funde im Norden reich zurückkehrten. Ganze zwei Tonnen Gold brachten die Männer insgesamt mit.

»Ho for the Klondike!« war fortan die Parole zigtausender Glücksritter, nachdem sich die Nachrichten von den Funden im Yukon wie ein Lauffeuer in Amerika und aller Welt verbreitet hatte. Schon im folgenden Jahr waren 40 000 *Stampeders* im Yukon und in Alaska auf der Suche nach dem schimmernden Edelmetall. Und mindestens ebenso viele Männer verdingten sich als Händler, Wirte oder Wäscher; die wenigen Frauen in der Wildnis waren anfangs meist in Kneipen, Vaudeville-Shows oder Bordellen tätig. Dawson City entwickelte sich schnell zur Hauptstadt des Goldrausches, erfolgreich kontrolliert von der Northwest Mounted Police. Mit dessen Abklingen wurde es sittsamer in Dawson, vor allem, als die Familien der Goldgräber nachkamen und sich die Vergnügungen dann deutlich zivilisierter gestalteten.

Gold wird bei Dawson immer noch geschürft, wenn auch nicht mehr in den Mengen wie um die Wende zum 20. Jahrhundert. Damals lieferten Bonanza Creek und andere insgesamt rund 12,5 Mil-

lionen Feinunzen Gold. Heute finden sich in den ausgebeuteten Claims dank besserer technischer Ausstattung immerhin noch Jahr für Jahr etwa 50 000 Unzen Feingold. Ähnlich einträglich ist der Goldrausch-Tourismus, vom histo-

risch inspirierten Gratis-Gold-schürfen im »Claim # 6« über Can-can und Glücksspiel im (gemein-nützigen) Club von »Diamond Tooth Gertie« bis zum »Downtown Hotel« mit seinem »leckeren« *Sour-toe Cocktail* – mit einem marinier-ten menschlichen Zeh im Glas. Wer beim Schlürfen des Drinks den Zeh mit den Lippen berührt, erhält eine Urkunde als Mitglied eines – mittlerweile nicht mehr ganz so exklusiven – Clubs.

Der Goldrausch am Klondike war nicht nur einer der einträglichsten in der Geschichte des Edelmetalls, er hatte auch politische Auswir-kungen: Kanada richtete 1898 im Westen seiner nordischen Wildnis erstmals eine staatliche Struktur ein, indem es einen gut 482 000 Quadratkilometer großen Land-streifen aus den riesigen *Northwest Territories* herauslöste: das Yukon Territorium (seit 2003 nur noch Yukon). Als Folge des Goldrau-sches und der gut 100 000 aus Alaska nach Kanada eindringen-den Männer wurde es notwendig, die zuvor umstrittene Grenze fest-zulegen, zumal das britische Do-minion Kanada bereits eine Ar-mee-Einheit entsandt hatte. In Verhandlungen entstand 1903 die heutige Grenze.

Eine Langzeitwirkung anderer Art verdankt die Welt dem berühm-testen aller Goldsucher im Yukon: Scrooge McDuck. Er schilderte 1951 und 1952 in zwei Publikatio-nen, wie er am Klondike River die Basis seines Reichtums schuf, sei-ner Quadrillionen und seiner rand-vollen, mit Sprungbrett versehe-nen Geldsilos. Hierzulande ist er bekannt als Dagobert Duck.

167

Einst Abenteuer, heute Völkerrechts-Disput

Die Nordwestpassage in der Arktis

1

2

3

4

Sir John Franklin (1786–1847) war der bekannteste Polarforscher seiner Zeit. Die elfjährige Suche nach ihm und seiner Crew soll viel zur Erforschung der Nordwestpassage beigetragen haben (1). Sir Martin Frobisher (ca. 1535–1594) entdeckte 1576 den Süden von Baffin Island (2). Frobisher wirkte 1588 mit bei der Zerschlagung der spanischen Armada (3). Der deutsche Polarforscher Arved Fuchs (*1953) war mit seinem umgebauten Kutter »Dagmar Aaen« mehrfach in der Nordwestpassage (4). Nach einer Arktis-Expedition werden Fuchs und Crew in Hamburg begrüßt (7). Die »MS Hanseatic« der Reederei Hapag-Lloyd hat auf Kreuzfahrten die Nordwestpassage schon mehrfach durchquert (5). Begegnung in der Nordwestpassage: Ein Eisbär stemmt sich auf eine Eisscholle (6).

Seite 172/173:
Fischadler über den Coast Mountains bei Bella Coola, British Columbia.

Es muss gruselig gewesen sein, als die Mannschaft des Walfangschiffes »Herald« im Jahr 1775 vor Grönland auf ein herrenlos treibendes Schiff stieß und an Bord die Crew erfroren fand. Das Geisterschiff war die »Oktavius«, ein britischer Handelsfahrer, der 1762 im Pazifik zu einer Fahrt durch die Nordwestpassage aufgebrochen war. Nun, 13 Jahre später, dümpelte der Dreimaster im Atlantik. Hatte der Schoner etwa als erstes Schiff die Nordwestpassage durchquert? Womöglich ohne eine Hand am Steuer? Schwer vorstellbar angesichts des Insel-Puzzles im Canadian Arctic Archipelago. Ist es Seemannsgarn? Die Frage wird unbeantwortet bleiben, denn die Walfänger haben die »Oktavius«

5

seinerzeit schnell und geschockt wieder verlassen. Danach verschwand das Schiff auf Nimmerwiedersehen.

So weit die rätselhafteste Geschichte um die Nordwestpassage, die reich ist an Tragödien. 1497 unternahm John Cabot im Auftrag des englischen Königs Henry VII. den ersten dokumentierten Versuch, einen Seeweg via Amerika in den Orient zu finden – eine Reichtum verheißende Route. Sein Versuch scheiterte ebenso wie viele folgende.

7

Jacques Cartier suchte dann 1535 den Weg nach China über den St. Lawrence River, er kam bis zu den Stromschnellen beim heutigen Montréal. Henry Hudson war auf richtigerem Weg, als er die Hudson Bay entdeckte, wo ihn allerdings seine meuternde Crew 1611 aussetzte. Hudson ward nie wieder gesehen. Die berühmteste Expedition war die von John Franklin im Jahr 1845, die jedoch auch verschollen ist. 1981 untersuchten Wissenschaftler Skelette, die der Franklin-Mannschaft zugeordnet werden konnten. Die Knochen enthielten viel Blei, vermutlich sind die Forscher an Bleivergiftung gestorben, weil ihre Konserven mit dem Metall verlötet waren. So sollte es noch bis 1903–06 dauern, ehe es dem Norweger Roald Amundsen gelang,

6

einen Weg von Ost nach West zu finden.

Heute kann man die etwa 5800 Kilometer lange Passage auf – je nach Eisgang und Schiffsgröße – unterschiedlichen Routen befahren. Mehrere Cruiseliner haben die

Strecke bereits gemeistert, wenn auch mit Eisbrecher-Assistenz. Das gilt auch für die Frachter und den Tanker, die den Seeweg bereits erprobten. Reeder und Kaufleute setzen dabei auf die zunehmende Erderwärmung, die das arktische

Eis dünner und leichter überwindbar macht. Die Zahlen scheinen für die Nordwestpassage zu sprechen: Die Frachtroute von New York nach Tokio beträgt ungefähr 14 000 Kilometer, aber via Panama-Kanal mehr als 18 000 Kilometer. Sie ist aber bestenfalls eine Saisonergänzung.

Dennoch hat die Nordwestpassage zu diplomatischen Spannungen zwischen Kanada und den USA geführt. Ottawa betrachtet den Seeweg zwischen den kanadischen Inseln als Binnengewässer. Die USA, die in der Arktis auch militärische Ziele verfolgen, wertet ihn, wie Europa, als internationales Gewässer. Die Nachbarländer haben einen Kompromiss gefunden, der allerdings den völkerrechtlichen Status der Nordwestpassage offen lässt.

Planen, Reisen, Genießen

Kanada ist mit 9 984 670 Quadratkilometern das nach Russland zweitgrößte Land der Erde. Die größte Süd-Nord-Ausdehnung beträgt 4634 Kilometer, die Ost-West-Achse misst 5514 Kilometer. Kanada grenzt an drei Meere: Atlantik, Pazifik und Arktischer Ozean. Die Küstenlänge ist Weltrekord: 243 042 Kilometer. Kanada nimmt gemeinsam mit dem US-Staat Alaska den nördlichen Teil Nordamerikas ein. Der nördlichen Festlandsküste sind zahlreiche arktische Insel vorge-

lagert, durch sie verlaufen die Routen der Nordwestpassage. Geologisch besteht Kanada überwiegend aus der riesigen Felsplatte des Canadian Shield, der im Osten und in der Mitte des Landes von den Arktis-Inseln bis in die nördlichen US-Staaten Minnesota und Wisconsin reicht. Der größte Teil des Kanadischen Schildes ist von baumloser Tundra bedeckt, südlich schließen sich große Nadelwälder und schließlich Mischwälder an. Im Osten des Schildes prägen die Appalachen und die Laurentides mit maximal 1268 bzw. 1166 Meter das Höhenprofil. Westlich des Schildes liegen die Prärie und dahinter die Gebirgszüge Rocky Mountains und Coast Mountains.
Der Mt. Robson im Yukon ist mit 3954 Metern der höchste Berg der kanadischen Rockies. Im

Yukon liegt auch Kanadas höchster Gipfel, der Mt. Logan in den Saint Elias Mountains mit 5959 Metern. Die längsten Flüsse sind der Mackenzie River (4241 km), der in die arktische Beaufort Sea mündet, der Yukon River (3185 km), der in die arktische Beringsee mündet, und der St. Lawernce River, der einschließlich

seines Durchflusses durch die Großen Seen auf 3058 Kilometer kommt. Misst man den Strom ab seinem Ausfluss aus dem Lake Ontario, ist er »nur« 1197 Kilometer lang – unabhängig von solchen Definitionen ist der St. Lawrence die mit Abstand wichtigste Wasserstraße des Landes.
Im größten Teil des Landes werden Bodenschätze von Gold über Kohle bis zu Öl gewonnen. Obwohl lediglich acht Prozent der Fläche Kanadas landwirtschaftlich genutzt werden kann, ist das Land einer der großen Exporteure von Weizen und anderen Agrarprodukten. Die Forst- und die Papierwirtschaft sind ebenso bedeutend wie die Fischerei. Statistisch stehen – wie in anderen hochentwickelten Volkswirtschaften – die Dienstleistungen, darunter auch der Tourismus, an der Spitze.

Der fotogene Balanced Rock bei Central Grove Long Island, Nova Scotia (oben rechts). Das Bonavista Lighthouse in Neufundland (oben). Auf dem Skerwink Trail bei Port Rexton in Neufundland (rechts).

Anreise

Touristen aus Deutschland, Österreich und der Schweiz benötigen für einen Urlaub in Kanada einen Reisepass, der mindestens bis zum Ende der Reise gültig sein muss. Mitreisende Kinder unter 18 Jahren benötigen einen Identitätsnachweis. Eltern mit geteiltem Sorgerecht oder andere Personen, die mit Kindern einreisen wollen, die nicht die ihren sind, sollten sich zuvor informieren, welche Papiere sie benötigen. Damit will Kanada eventuellen Entführungen vorbeugen.

Direktflüge von Deutschland gibt es ganzjährig nach Toronto, Montréal und Vancouver. Hinzu

kommen bisweilen Saison-Flüge in andere Städte. Reisebüros und Reiseveranstalter haben dazu Informationen.

Ärztliche Versorgung

Kanadas medizinisches System ist effizient und gut organisiert, dazu gehören auch Flugeinsätze in Wildnisgebieten. Für Touristen sehr empfehlenswert ist aber eine Auslandskrankenversicherung, da die medizinischen Kosten sehr hoch sein können.

Das Auswärtige Amt hat auf seiner Website www.kanada.diplo.de eine Liste deutschsprachiger Ärzte in Ontario, Manitoba und im Westen.

Auskunft

Die touristischen Informationen Kanadas sind auf der deutschsprachigen Website http://dekeepexploring.canada.travel konzentriert.

Für Notlagen wie Pass- oder Geldverlust sind die diplomatischen Vertretungen der Länder die ersten Ansprechpartner. Die Websites der Botschaften in Ottawa verweisen auch auf Konsulate in den Provinzen.
Deutschland:
www.kanada.diplo.de
Österreich:
www.bmeia.gv.at/botschaft/ottawa.html
Schweiz: www.bmeia.gv.at/botschaft/ottawa.html

Banken/Kreditkarten/Steuern

Kanadas Banken sind meist Montag bis Freitag von 10 bis 16 Uhr geöffnet, an großen Bahnhöfen und Flughäfen deutlich länger, diese Filialen wechseln auch Euro und Schweizer Franken. Weit verbreitet sind Bankautomaten (ATM – automated teller machines), die auch Karten europäischer Partnerbanken akzeptieren. Problemlos reist man mit Kreditkarten wie Mastercard oder Visa, sie werden dank Satellitentelefon auch in Wilderness Lodges angenommen.

Der kanadische Dollar (C$) ist gestückelt wie sein amerikanischer Vetter und auch gleich groß, aber nicht immer gleich

viel wert. Die Kanadier nennen die 1-Dollar-Münze nach dem abgebildeten Vogel Loonie und die 2-Dollar-Münze Toonie (nach two = zwei). Geldscheine gibt es im Wert von 5, 10, 20, 50, und 100 Dollar.

Kreuzfahrt im Revier der 1000 Islands in Ontario (unten). In der Altstadt von Montreal in der Provinz Quebec (links).

Auf fast alle Preise wird eine Mehrwertsteuer (GST) und häufig auch eine Provinzsteuer aufgeschlagen. Die Provinzen New Brusnwick, Nova Scotia, Newfoundland and Labrador sowie Ontario haben die beiden Steuerarten zur Harmonized Sales Tax (HAST) zusammengefasst.

Bevölkerung

Kanadas Bevölkerung, derzeit etwa 35 Millionen Menschen, wird nach einem vorsichtigen Modell der Regierungsstatistiker 2050 bei gut 40 Millionen liegen, unter der Annahme kräftigen Wachstums sogar bei fast 48 Millionen. Bei beiden Modellen erwartet die Regierung, dass die Zunahme in Ontario und in British Columbia über dem Landesdurchschnitt liegen wird.

An diesen Zahlen erkennt man:

Kanada, das zu den zehn reichsten Ländern der Welt gezählt wird, ist ein erfolgreiches Einwanderungsland. Etwa 250 000 Zuwanderer verzeichnet die Nation derzeit pro Jahr, auch diese Zahl wird wachsen. Entsprechend bunt ist das ethnische Bild der Bevölkerung, letztmals abgefragt beim Census 2006, bei dem Mehrfachnennungen möglich waren. Rund zehn Millionen gaben damals an, »Kanadier« zu sein. Eine englische Abstammung nannten 6,5 Millionen (mit Schotten und Iren zusammen rund 15,5 Millionen), eine französische Abstammung knapp fünf Millionen. Die Deutschen lagen bei knapp 3,2 Millionen. Eine schnell wachsende Gruppe sind die Chinesen mit über 1,3 Millionen. Die Bevölkerung ist sehr ungleich verteilt, die meisten Kanadier leben in einem 200 Kilometer breiten Streifen nördlich der Grenze zu den USA (ohne Alaska). Die einzige Ausnahme ist Albertas Hauptstadt Edmonton, von der es gut 1000 Kilometer bis Montana sind. Die bevölkerungsreichsten Provinzen waren im Jahr 2011 Ontario (ca. 13 Mio.), Québec (8 Mio.), British Columbia (4,4 Mio.); Alberta (3,6 Mio.), Manitoba (1,2 Mio.) und Saskatchewan (etwas über 1 Mio.). Die restliche Rangfolge: Nova Scotia, New Brunswick, Newfoundland and Labrador, Prince Edward Island, Northwest Territories, Yukon und Nunavut (32000 Einwohner).

Einkaufen

Die Öffnungszeiten der Läden sind unter der Woche in den meisten Provinzen freigegeben, in einigen Provinzen oder Orten gibt es aber Regeln für Sonn- und Feiertage. Zumindest in den großen Städten findet man Supermärkte, die rund um die Uhr geöffnet sind. Beliebt sind die *Malls*, überdachte Einkaufszentren, die vor allen in Vororten oft auch als Treffpunkte dienen. Eines der bekanntesten Einkaufszentren Kanadas ist das Eaton Centre im Zentrum von Toronto mit rund 230 Läden und Restaurants unter einem Glasdach. Etwa

50 Millionen Menschen sind jährlich in der sechsstöckigen Mall unterwegs, die ihren alten Namen behielt, obwohl der Einzelhandelsgigant Eaton's 1999 pleite ging und an den Konkurrenten Sears Canada verkauft wurde. Das Zentrum ist selbstverständlich an *Path* angeschlossen, die 27 Kilometer lange unterirdische Stadt mit 1200 Geschäften auf mehr als 370000 Quadratmetern.

Torontos Stadtteil Yorkville, in den 1960er-Jahren ein Künstlerviertel – von hier kamen später berühmte Musiker und Literaten wie Neil Young, Joni Mitchell, Gordon Lightfoot und Margaret Atwood –, ist heute ein hochpreisiger Mode- und Shopping-Distrikt; die hiesige Bloor Street gehört, gemessen an ihren Mieten, zu den teuersten Adressen

Das Eaton Centre ist Torontos bekanntestes Einkaufszentrum und wegen seiner günstigen Lage in der Innenstadt auch ein sehr beliebtes Touristenziel (oben). An ihren Hauben und ihrer traditionellen Kleidung kann man die Mennoniten-Farmerinnen auf dem Markt von St. Jacobs gleich erkennen (unten).

der Welt. Der Queen's Quay Terminal im einstigen Wirtschaftshafen am Lake Ontario zeigt die Wandlung eines einstigen Lagerhauses in ein schickes Einkaufszentrum mit Apartments. Montréals Untergrundstadt ist Weltrekordhalter, hat 1700 Läden und misst noch fünf Kilometer mehr als die Pfade unterhalb Torontos. Dieses offiziell Réso (französisch *réseau* = Netzwerk) genannte Tunnelsystem findet an der Oberfläche seine Entsprechung in der 3,5 Kilometer langen Rue Ste-Catherine mit ihren Warenhäusern und mehr als 4000 Geschäften. Die Rue Sherbrooke ist deren feinere und teurere Variante.

Vancouvers Einkaufsmeile ist die Umgebung der Robson Street: drei Blocks, in denen sich 150 Geschäfte und Restaurants drängeln. Im Touristen- und Ausgeh-

Fortsetzung Seite 178

Big-Ben-Sound unter Dampf

Ein Spaziergang durch Vancouver

Ein sonniger Tag in Vancouver kann nicht besser beginnen als mit einer Fahrradrunde auf dem Seawall rund um den Stanley Park (8,8 km; Radvermietungen in der Denman Street). Nahe der Lost Lagoon beginnt die Robson Street, dort wird das Rad angekettet für den Bummel entlang dieser Straße, der inoffiziellen Hauptsraße, die zugleich gemeinsam mit Torontos Bloor Street das teuerste Pflaster Kanadas ist. Entsprechend *posh* sind die Läden – Luxus global. Gut die Hälfte der »Robsonstraße«, so der Spitzname wegen der einst vielen deutschen Anwohner, liegt hinter uns, wenn sich rechts der Robson Square öffnet, der einen guten Blick auf den Säulenportikus der Vancouver Art Gallery bietet. Architekturfans soll-

ten auf der Robson Street weitergehen bis zur Vancouver Public Library, eine moderne Bau-Ikone. Oder man folgt der Hornby Street bis zum Seeufer mit dem »Canada Place«. Mit seinem Textildach aus weißen Spitzen wurde der heutige Kreuzfahrtterminal mit Hotel und Konferenzzentrum, erbaut als Kanadas Pavillon zur Weltausstellung 1986, zu einem Wahrzeichen der Stadt. Das andere Wahrzeichen, die per Dampfmaschine betriebene Steam Clock im Gastown-Viertel, markiert den Endpunkt dieses kurzen Rundgangs. In der Nähe steht das Denkmal für John »Gassy Jack« Deighton. Der Namenspate des Quartiers, das zum »Geburtsort von Vancouver« wurde, eröffnete dort 1867 die erste von heute zahlreichen Kneipen. Die Dampfuhr

tritt alle 15 Minuten in Aktion, mit kleinen Wolken und der weltberühmten Big-Ben-Melodie.

Die Sammlung von Totempfählen im Stanley Park zählt zu den meistfotografierten Sehenswürdigkeiten in Vancouver (oben). Der West Broadway ist eine beliebte Einkaufsstraße in Vancouver (Mitte). Blick vom herbstlichen Stanley Park auf die Innenstadt von Vancouver mit dem »Lookout Tower« auf dem Harbour Centre und dem Canada Place mit seinem markanten Dach aus Zeltspitzen (links).

viertel Gastown bietet Hill's Native Art eine gute Auswahl an indianischer Kunst, im Distrikt Granville Island stellt das kleine Crafthouse, betrieben vom Crafts Council of British Columbia, die Arbeiten von Künstlern und Kunsthandwerkern vor. Im selben Viertel ist der Granville Island Public Market ein bekanntes Ziel von Gourmets und Freunden regionaler Produkte.

Und die Mitbringsel? Ein beliebtes Souvenir aus Kanada ist Ahornsirup, der aber vor dem Heimflug in den Koffer gepackt werden muss, sonst wird er beim Boarding konfisziert. Dasselbe gilt für kanadischen Wein – vor allem Eiswein – und kanadischen Whisky. Auch Wildlachs ist es wert, mit nach Hause transportiert zu werden, sei er geräuchert, mariniert oder frisch und in Trockeneis verpackt. Kunsthandwerk der Inuit oder Indianer aus Souvenirläden ist oft Massenware aus Fernost, es lohnt sich, Fachgeschäfte und seriöse Galerien zu besuchen. Genereller Tipp: Bei allen Einkäufen auch an die hohen Tarife für Flugübergepäck denken!

Elektrizität

Die Stromnetze in Kanada und den USA arbeiten mit 110 Volt. Für die zwei- und dreipoligen Steckdosen brauchen viele europäische Elektrogeräte einen Adapter.

Feiertage/Feste

Nationale Feiertage sind Neujahr, Karfreitag, Ostermontag, Victoria Day (20. Mai), Canada Day (1. Juli), Labor Day (erster Montag im September), Thanksgiving (zweiter Montag im Oktober), Remembrance Day (11. November) und die beiden Weihnachtstage. Québec feiert am 24. Juni den Tag des Saint-Jean Baptiste, arbeitet aber am ersten Montag im August, wenn alle anderen Provinzen einen freien Tag genießen.

Dass Kanada ein feierfreudiges Land ist, beweisen zahlreiche regionale Feste in allen Provinzen und sogar in den Territorien. So veranstaltet Nunavut im Juli unter der Mitternachtssonne den nördlichsten Marathon der Welt. Im selben Monat versammeln sich Künstler aus arktischen und subarktischen Ländern, und im Juni/Juli bittet der Yukon zur Meisterschaft im Goldwaschen.

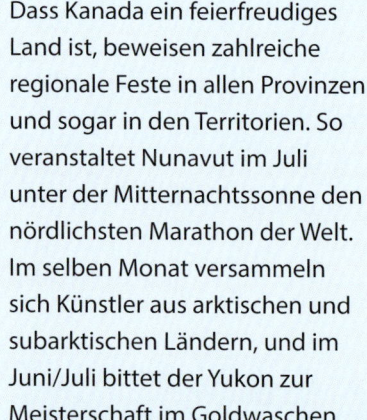

Unterwegs bei Little Harbor in Neufundland (oben). Parken zwischen Eisberg-Resten: Ein kleines Wasserflugzeug hat Touristen zum Jacobson-Gletscher in den Rocky Mountains, BC, gebracht (Mitte). Der »Rocky Mountaineer« ist einer der bekanntesten touristischen Züge Amerikas und befährt spektakuläre Strecken in den Bergen von British Columbia und Alberta (unten).

Klima/Reisezeit

Das riesige Land hat verschiedene Klimazonen. In der Arktis und Subarktis kann der Sommer dank langer Sonneneinstrahlung (bis zu 24 Stunden) recht angenehm sein. Temperaturen bis zu 20 Grad sind möglich, leider gibt es dann oft Mückenplagen. Für die südlichen Teile der Provinzen sind Frühling bis Herbst die besten Reisezeiten, bei Temperaturen wie in Mitteleuropa; allerdings kann es im April und Oktober auch zu Wintereinbrüchen kommen. Der Winter ist auch im Süden oft sehr kalt und schneereich, der Sommer – vor allem in den Prärieprovinzen – aber oft sehr heiß. Die Provinzen am Atlantik können regenreiche Phasen haben, das

gilt noch mehr für die Pazifikküste. Die besten Reisezeiten für die Rocky Mountains und die Coast Mountains sind Frühsommer bis Herbst und für Wintersportler natürlich die Schneemonate. Die kanadische Haupturlaubszeit ist Juli/August. Eine sehr populäre Saison ist die Zeit der Baumfärbung im Herbst, die Provinzen und Urlaubsregionen im Osten informieren dann auf ihren Websites über die »Front« der Laubfärbung.

Maße und Gewichte

Kanada benutzt dieselben Maße und Gewichte wie Mitteleuropa. Sehr oft werden aber auf Waren oder Verpackungen auch die

amerikanischen Maße und Gewichte angegeben, da dieselben Produkte beiderseits der Grenze vertrieben werden.

Hauptsaison sind vor allem Wohnmobile, aber oft auch Mietwagen ausgebucht. Die großen internationalen Autovermieter

Kilometern, Treibstoff wird literweise verkauft. In den meisten Provinzen liegt die Promillegrenze bei 0,8, in einigen bei 0,5. Wegen der großen Entfernungen im Land gibt es gute Flugverbindungen, selbst Dörfer in der Wildnis sind meist mit kleinen Maschinen gut erreichbar. Notfalls kann man überall Flugzeuge mit Piloten zu überschaubaren Kosten chartern.
Die Eisenbahngesellschaft Via Rail (www.viarail.ca) erreicht fast alle Provinzen außer Prince Edward Island. Das Unternehmen betreibt die transkontinentalen

Reisende mit Behinderungen

Die kanadische Regierung gibt auf der – englisch- und französischsprachigen – Website www.accesstotravel.gc.ca Informationen für Personen mit Handicap über Reisen innerhalb des Landes. Es gibt auch Links zu den offiziellen Tourismus-Webseiten der Provinzen, in denen man aber erst Infos für Reisende mit Behinderungen suchen muss. Oft hilft dann das Suchstichwort accessible travel weiter.

Mit Kindern unterwegs

In Kanada reist es sich gut mit Kindern. Die Touristikbüros der Provinzen verweisen auf viele Angebote für Familien. Die Mehrzahl der Restaurants ist auf Kinder eingestellt, gute Hotels besorgen auf Wunsch auch Babysitter.

Museen

Weit über 3000 Museen und öffentlich zugängliche Sammlungen hat das Virtual Museum of Canada (VMC) auf seiner Website (www.museevirtuel-virtualmuseum.ca) gespeichert. Diese Kooperation der Regierung mit den Museumsorganisationen bietet dank der Suchfunktionen nach Provinzen oder Themenbereichen ein gutes Werkzeug für die Reiseplanung.

Reisen im Land

Rundfahrten mit Pkw und Wohnmobilen sind populär, viele europäische und kanadische Reiseveranstalter bieten sie an. Zur

Mit dem Oldtimer zum Einkaufen in die Stadt – das hat Stil. Und dann parkt man natürlich besonders gerne auf der Robson Street, der inoffiziellen Hauptstraße von Downtown Vancouver (oben). Die Baumeister des Canadian Museum of History (früher: Museum of Civilisation) in Gatineau bei der Hauptstadt Ottawa hatten die hohe Halle von Beginn an eingeplant, um einen würdigen Platz für die Totempfahl-Sammlung zu schaffen (unten).

sind an allen größeren Flughäfen und in den Großstädten vertreten. Für die Anmietung reichen in der Regel der heimische Führerschein und eine Kreditkarte, vielfach gilt ein Mindestalter von 21 oder sogar 25 Jahren. Es empfiehlt sich, vor allem die Haftpflicht- und andere Versicherungsbedingungen in den Verträgen zu prüfen.
Kanadas Verkehrsregeln entsprechen meist denen in Westeuropa. Die Tempolimits liegen, wenn nicht anders angegeben, in der Regel bei 90 bis 100 km/h und innerhalb der Kommunen bei 50 km/h. Es herrscht Gurtpflicht. Alle Entfernungsangaben sind in

Züge »Canadian« (Toronto–Vancouver) und »Ocean« (Montréal–Halifax). Touristische Züge wie der »Rocky Mountaineer« haben eigene Internetauftritte.
Das größte Buslinnennetz betreibt Greyhound Canada mit 1100 Zielen. Via Rail und Greyhound kooperieren an manchen Bahnstationen. Die wichtigsten Fährlinien bieten BC Ferries in British Columbia und Marine Atlantic zwischen Newfoundland und Nova Scotia an.

Sport und Freizeit

Kanada ist ein beliebtes Ziel für Sportreisen im Winter wie im Sommer, wenn insbesondere Kanutouren typisch sind. Bis auf ein paar Edeladressen hat Golf in Kanada keinen snobistischen Beiklang, es ist ein Volkssport. Die beliebtesten Publikumssportarten sind wie in den USA Football und Baseball. Eine echt kanadische Sommer-Sportart ist Lacrosse, eine Art Feldhockey.

Fortsetzung Seite 182

Chapeau, Château!

Die Grand Hotels der Eisenbahngesellschaften

Majestätisch thront der mächtige Neorenaissance-Bau auf einem Felsen über Stadt und Strom – wie ein Schloss. Passend ist deshalb auch der Vorname: »Château«. Der Nachname, »Frontenac«, ehrt einen französischen Gouverneur und Grafen des 17. Jahrhunderts. Dieses Turm-und-Türmchen-Ensemble dient seit der Fertigstellung 1893 der Gastlichkeit: Es ist eines der edelsten Hotels Kanadas und längst ein Wahrzeichen der Stadt Québec am St. Lawrence River, hier in der französischsprachigen Provinz Québec, bitte Fleuve Saint-Laurent genannt. Und weil oben auf der Klippe eine breite Fußgänger-Promenade vor der Luxusherberge verläuft, lässt sich diese beson-

ders gut ablichten. Das »Château Frontenac« gilt als eines der meistfotografierten Hotels der Welt.

Dabei hat es einige architektonisch ähnliche Geschwister im ganzen Land, das »Château Laurier« in der Hauptstadt Ottawa etwa, oder das »Château Lake Louise« in den Rocky Mountains. Andere Monumente kanadischer Hotelhistorie, etwa das »Banff Springs« in den Rockies oder das »Empress Hotel« in Victoria auf Vancouver Island verzichten zwar auf den Titel »Château«, könnten ihn aber in Sachen Bauweise und Luxus-Dienstleistung ebenso beanspruchen.

All diesen Hotels ist nicht nur die äußere Anmutung gemeinsam, sondern auch die Herkunft: Es sind Eisenbahnhotels. Mit manchen Ka-

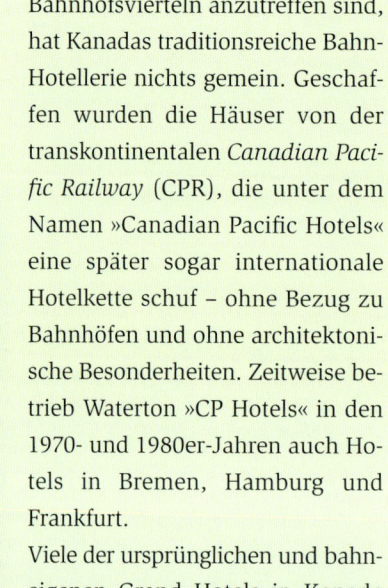

schemmen, die hierzulande in den Bahnhofsvierteln anzutreffen sind, hat Kanadas traditionsreiche Bahn-Hotellerie nichts gemein. Geschaffen wurden die Häuser von der transkontinentalen *Canadian Pacific Railway* (CPR), die unter dem Namen »Canadian Pacific Hotels« eine später sogar internationale Hotelkette schuf – ohne Bezug zu Bahnhöfen und ohne architektonische Besonderheiten. Zeitweise betrieb Waterton »CP Hotels« in den 1970- und 1980er-Jahren auch Hotels in Bremen, Hamburg und Frankfurt.

Viele der ursprünglichen und bahneigenen Grand Hotels in Kanada hatten da schon die Besitzer gewechselt. CPR-Konkurrentin Grand Trunk Railway (GTR), die mit ihren Luxushotels in Ottawa (»Château Laurier«), Winnipeg (»Fort Gary Hotel«) und Edmonton (»Hotel Macdonald«) der CPR Paroli bieten wollte, musste aus wirtschaftlichen

Gründen schon 1920 mit der dritten Bahngesellschaft, Canadian National (CN), fusionieren. Die Häuser firmierten fortan als »CN Hotels«. 1988 endete auch dieser Wettbewerb der Eisenbahnen: CP übernahm alle »CN-Hotels«. »CP Hotels« ist heute im Besitz eines britischen Konsortiums.

Zu den Hotelunternehmen der Bahnen gehörten auch kleinere Hotels vornehmlich in Urlaubsgebieten. Von diesen teilweise auch unter Denkmalschutz stehenden Häusern trennte sich CP schrittweise, sei es durch Verkauf oder durch andere Nutzung. Auch große Hotels traf dieses Schicksal, etwa das ebenfalls im Château-Stil errichtete »Place Viger«, das bis heute ein Wahrzeichen von Montréal ist, aber nun Läden und Büros birgt. CP, das inzwischen seine Spitzenhotels unter der Marke *Fairmont* führt, leitet neben den erwähnten Hotels auch das »Palli-

ser Hotel« (1914) in Calgary, die »Jasper Park Lodge« (1922) in Alberta, das »Château Montebello« (1930) in Québec, das »Hotel Vancouver« (1939) in der gleichnamigen Stadt und natürlich das »Royal York Hotel« (1929) in Toronto im Portfolio. Letzteres war bei Gründung das größte Hotel im British Empire und ist bis heute das Stammquartier von Queen Elizabeth.

Sollte Ihre Majestät, die natürlich in der Royal Suite residiert, zum Frühstück Honig wünschen, kann sie diesen quasi frisch vom Bienenstock genießen: Das Hotel hat drei Bienenkörbe auf dem Dach, die, ganz Luxus-Domizil, Namen mit typisch britischem Wortwitz tragen: »Honey Moon Suite«, »V.I. Bee Suite« und »Royal Sweet«. Derlei Anekdoten kann jedes der Traditionshäuser beisteuern. Aber

das »Banff Springs Hotel« schießt diesbezüglich den Vogel ab: Weil der Bauplan auf der Baustelle versehentlich um 180 Grad verdreht wurde, wurde das Hotel auch so errichtet. Deshalb bieten die Suiten nun einen Blick auf den nahe gelegenen Berghang Sulphur Mountain, während die Köche an ihrem Arbeitsplatz den schönsten Ausblick auf den Bow River genießen können.

Eher Jagdschlösschen als großes Château: Das Prince of Wales Hotel im Waterton Lakes National Park in Alberta gehört zu den intimeren Häusern in der Reihe der schönen alten Eisenbahn-Herbergen (linke Seite oben). Das Empress Hotel in Victoria auf Vancouver Island, BC, mit seinen fünf Sternen zelebriert für seine Besucher täglich stilvoll den Afternoon Tea (linke Seite unten). Das prächtige Banff Springs Hotel scheint im winterlichen Morgennebel geradezu verwunschen (oben).

Sie war bei den Olympischen Sommerspielen 1904 und 1908 vertreten, in beiden Fällen gewannen die Kanadier souverän die Goldmedaille.

Sprache

Kanada ist offiziell zweisprachig (Englisch/Französisch), nur in Québec ist Französisch die erste Sprache. Ansonsten wird Französisch dort als zweite Amtssprache genutzt, wo in der Pro-

vinz (New Brunswick) oder in bestimmten Regionen größere Bevölkerungsteile Französisch sprechen. Das Französisch der Québécoise ist etwas altertümlich und deshalb gewöhnungsbedürftig. Die Inuit-Sprache Inuktitut ist in Nunavut die erste Amtsprache. Daneben gibt es in Kanada 63 anerkannte indianische Sprachen. Einwanderer pflegen auch oft noch die Sprache ihrer Heimatländer, beispielsweise geben etwa 623 000 Kanadier an, Deutsch zu sprechen.

Telefonieren

Vor der Abreise sollte man sich bei seinem Mobiltelefon-Provider erkundigen, wie sich die hohen Roaming-Gebühren vermindern lassen. Eine kanadische SIM-Karte für ein Zweithandy kann die günstigere Alternative sein. Die Vorwahl für Gespräche nach Kanada ist 001, von Kanada aus hat Deutschland die Vorwahl 01149, die Schweiz 01141, Österreich 01143.

Es erfordert einen standfesten Angler, mitten in den Stromschnellen den Köder auszuwerfen (oben). In diesem Sinne: Petri Heil! Eine gute Beleuchtung macht selbst aus einem eisigen Iglu ein Wärme ausstrahlendes Heim (unten).

Trinkgeld

Wie in den USA sind auch in Kanada *tips* üblich, und das nicht zu knapp. In Restaurants, Kneipen und Taxis sind 15 Prozent mittlerweile Standard, oft werden auch schon 20 Prozent er-

wartet. Kofferträger rechnen mit ein bis zwei Dollar pro Gepäckstück.

Unterkunft

Vom Hotel bis zum Zeltplatz, vom Bed&Breakfast bis zur Jugendherberge – Kanada hat alle Unterkunftsarten im Angebot. In allen Provinzen gibt es auch Farmen, die Gäste aufnehmen. Für die Hauptsaison-Zeiten (Juli/August oder Weihnachten) sollte man sehr frühzeitig buchen. Vorausbuchungen sind auch für kleine Hotels in der Arktis zu empfehlen.

Zeitzonen

Kanada ist in sechs Zeitzonen eingeteilt. Die Fahr- und Flugpläne sind darauf ausgerichtet. Wenn es in Mitteleuropa 12 Uhr mittags ist, klingeln die Wecker in Neufundland um 7.30 Uhr (Newfoundland Standard Time), in Labrador und den anderen Maritimes, in der Atlantic Time Zone (AST), ist es erst 7 Uhr, die Eastern Time Zone (EST) mit Québec und einem Großteil von Ontario zeigt 6 Uhr, die Central Time (CST) für den Rest Ontarios, Manitoba und die Osthälfte von Saskatchewan 5 Uhr, die Mountain Time (MST) im Westen von Sakatchewan,

Alberta und dem Nordostwinkel von British Columbia steht auf 4 Uhr, und die Pacific Time (PST – im Yukon YST) im Großteil von British Columbia und im Yukon bei 3 Uhr.

Vom letzten Sonntag im März bis zum ersten Sonntag im November gilt die Sommerzeit, die Uhren werden um eine Stunde vorgestellt. Saskatchewan nimmt an der Umstellung auf die Sommerzeit größtenteils nicht teil. In der Sommerzeit *(Daylight Saving Time)* wird in den Abkürzungen der Buchstabe S (für Standard) durch D ersetzt.

Zoll

Wer in Kanada mit dem Flugzeug einreist, muss eine *CBSA Declaration Card* ausfüllen. Anmeldepflichtig sind unter anderem Geldbeträge von 10 000 C$ oder mehr. Dazu zählen auch *monetary instruments* wie etwa Reiseschecks. Die jeweils gültigen zollfreien Einfuhrmengen für Alkohol und Tabakprodukte finden sich auf der englischsprachigen Website www.cbsa-asfc.gc.ca. Auch Lebensmittel, Pflanzen und Tiere müssen bei der Einreise deklariert werden, da sie Schädlinge oder Krankheitskeime tragen könnten.

Notre-Dame, die Banken und der Friedhof

Ein Spaziergang durch Alt-Montréal

Unter den gut geplanten Rundgängen, die *Tourisme Montréal* vorschlägt, folgen drei Routen den Kopfsteinpflastergassen der Altstadt am alten Hafen, der Keimzelle dieser zweitgrößten französischsprachigen Stadt der Welt. Einen guten Einstieg in das historische Quartier bietet der Spaziergang, der zuerst in die Rue Saint-Paul und ihre Nebengassen führt. Hier war einst das Zentrum der Stadt, heute ist es der touristische Mittelpunkt mit vielen Restaurants, Boutiquen und regem Nachtleben. Die Cours le Royer, einst Lagerhäuser, zeigen die einstige kommerzielle Bedeutung der Altstadt.

Die spirituelle Kraft der Stadt fokussiert sich in der Basilika Notre-Dame. Das neogotische, 1829 eingeweihte Gotteshaus zieht jährlich Hunderttausende Besucher an, abends informiert eine Licht-und-Ton-Schau über die Geschichte Montréals. Die Kirche steht an der Place d'Armes, dem einstigen urbanen Zentrum mit seinen geschichtsträchtigen Bauten, darunter die Banque de Montréal, die älteste Bank des Landes, die auch

ein Museum unterhält. Nachbarn sind in der Rue Saint-Jaques die Royal Bank von 1923 und die Molson Bank von 1866, deren Gebäude mit 23 Etagen damals das höchste im British Empire war. Moderner Kunst sind die Stiftung DHC/Art und das PHI Centre gewidmet, die Place d'Youville bildet die bauliche Brücke zurück in die Historie, die mit dem Centre d'histoire de Montréal und vor allem mit dem archäologischen und historischen Museum Pointe à Callière. Zu diesem Komplex gehören u. a. der erste katholische Friedhof und das erste Zollhaus.

Das Hôtel de Ville de Montréal wurde nach dem Vorbild des Rathauses im französischen Tours erbaut (oben). Einen historischen Moment erlebte der Bau in der Altstadt, als 1967 Charles de Gaulle, der Präsident Frankreichs, vom Balkon sein »Vive le Québec libre« ausrief. Die Place Ville Marie im Zentrum von Montréal ist im Sommer ein beliebter Treffpunkt (ganz links). Die einst dominante Kuppel der Kathedrale Marie Reine Du Monde wird in der City längst von Wolkenkratzern überragt (links).

Kanus, Schneemobile und Buschflieger

Unterwegs in Kanada

Immer wieder interessant: Mit Anlauf startet ein Wasserflugzeug, diesmal am Clearwater Lake, BC (oben links). Touristengeschwader: In der Gruppe macht eine Kajaktour in der Inside Passage in British Columbia noch mehr Spaß (oben rechts). Ein Kanubauer in Ontario (unten).

Die Vermutung, der Name Kanada komme von »Kanu«, ist zwar falsch, aber naheliegend, denn das riesige Land wurde per Kanu erobert. (Es sei hier noch erwähnt, dass *kanata* in der Sprache der Sankt-Lorenz-Irokesen »Siedlung« bedeutet.) Die ersten Europäer, die in die Wildnis vordrangen, Trapper und Pelzhändler, hatten schnell gelernt, dass in den undurchdringlichen Wäldern kaum ein Vorankommen ist. Diese *Voyageurs* machten es wie die Indianer und bauten sich leichte, aber strapazierfähige Ka-

nus, die mit Birkenrinde oder, weiter oben im Norden, mit Robbenfell bespannt waren. Diese Boote konnte man bei Stromschnellen um das Hindernis herumtragen. Viele Kanadier sehen im Kanu ein Stück ihrer nationalen Identität, deshalb ist die Freizeit im Boot auch besonders beliebt, zumal es nirgendwo im Land an Wasserwegen mangelt. Deshalb ist ein Kana-

da-Urlaub ohne eine Kanutour unvollständig. Es muss ja nicht gleich *Cross Canada* sein, obwohl dieses Abenteuer immer mehr Anhänger findet. Womöglich muss das Canadian Canoe Museum in Peterborough bald eine eigene Abteilung einrichten für Kanuten, die getreu dem kanadischen Staatsmotto *a mari usque ad mare* (lateinisch, »von Ozean zu Ozean«) reisen.

Und im Winter, wenn Kanada größtenteils unter einer dicken Schneedecke liegt und Kanus nur noch bedingt hilfreich sind? Die Indianer behalfen sich mit *Snowshoes*, Konstruktionen aus dünnen Holzrahmen, die mit Tierhäuten bespannt waren und unter die Schuhe gebunden wurden. Damit vergrößerte sich die Auftrittsfläche, und man sackte nicht im Tiefschnee ein. Viele Trapper und Entdecker erkannten schnell die Vorteile dieser Schneeschuhe. Auch die französischen Truppen nutzten die indianische Erfindung: In der »Battle on Snowshoes« besiegten sie 1758 beim Lake George die konventionell ausgestatteten Briten, die fortan Schneeschuhe zum Teil ihrer Winterausrüstung machten. Wie das Kanu sind die Schneeschuhe – heute meist aus Aluminium – vom Transportmit-

Die letzten Zentimeter per Hand: auf zwei Schwimmern an den Anleger (oben links). Kanadische Transporthistorie: Wo einst nur mit Hundeschlitten ein Fortkommen war, walzen sich heute Snowmobiles über den Schnee (oben rechts). Die Indianer haben es einst die Weißen gelehrt: Im Winter schreitet man mit Schneeschuhen besser voran. »Snowshoeing« erlebt derzeit eine Renaissance als Wintersport (unten).

tel zum beliebten Sportgerät geworden.

Die Spur, die Schneeschuhe hinterlassen, schuf auch das Maß für den *Toboggan*, einen schmalen, aber bis zu drei Meter langen Schlitten, mit dem Personen und Waren transportiert wurden, gezogen von Schlittenhunden oder Menschen. Aber schon im 19. Jahrhundert wurde auch

Tobogganing zu einem Wintervergnügen: 1872 ließ Generalgouverneur Lord Dufferin bei seiner Residenz in Ottawa eine Toboggan-Bahn anlegen. Im Norden dienen die charakteristischen Schlitten zwar immer noch als Transportgerät, heutzutage werden sie aber fast immer von *Snowmobiles* gezogen. Diese wie Motorroller für Schnee und Eis

aussehenden Schneemobile, die auch dahin gelangen, wo selbst Autos mit Allradantrieb nicht mehr hinkommen, sind in Kanada überaus beliebt, vor allem im hohen Norden und auf dem Land. Erfunden wurden sie von Bastlern in Kanada und den USA, die Motorvehikel aller Art mit Kettenantrieb versahen. Ein Erfinder aus Michigan erhielt 1915 in Kanada ein Patent für seinen Motorschlitten, seine Maschinen taugten allerdings nicht für den »nassen« Schnee in Ost-Kanada und Neu-England. Das Problem löste der Kanadier Joseph-Armand Bombardier mit seinen Gummi-Laufbändern (jetzt sind sie meist aus Keflar). Bom-

bardier und sein Ski-Doo ist heute eine der führenden Marken für Schneemobile. In Kanada sind mehr als 700 000 Schneemobile angemeldet, im Winter werden jährlich mehr als 160 000 Kilometer Bahnen für die knatternden, aber Spaß garantierenden Maschinen gespurt.

Aus diesen kleinen Anfängen wuchs Bombardier zu einem globalen Konzern, der auch Schienenfahrzeuge und Flugzeuge baut, speziell kleine Geschäftsjets und Mittelstrecken-Maschinen. Bombardier übernahm 1982 das kanadische Werk der ursprünglich britischen De Havilland-Gruppe, das damals noch die legendäre zweimotorige Twin Otter baute. Sie ist bis heute noch – auf Rädern, Skiern oder Schwimmern – im Einsatz und wird neuerdings von einem anderen Hersteller nachgebaut. Die Bush Pilots liebten sie, jene Piloten, die in entlegenen Gebieten auf Grasnaben oder kleinen Seen landen, um Post zu bringen, Touristen ins Land zu tragen oder Verletzte zu retten. Sie sind die Helden der kanadischen Wildnis.

Menschen, Orte, Begriffe

Seite 186: Indian Summer auf Cape Breton Island, Nova Scotia (links). Eis und Schnee sind für diesen Schlittenhund genau richtig (Mitte). Ein Briefkasten, den man nicht so leicht übersieht, auf Prince Edward Island (rechts).
Seite 187: Weizenfeld bei Brooks im Südosten Albertas (links). Der Cabot Trail auf Cape Breton Island, Nova Scotia, gehört zu den schönsten Panoramastraßen des Landes (rechts).
Seite 188: Eisberge in der Nähe von Twillingate, Neufundland

Impressum

Produktmanagement: Joachim Hellmuth, Birgit Günther, Utting
Lektorat: Linde Wiesner, Pullach
Korrektorat: Birgit Günther, Utting
Layout und Bildredaktion:
VerlagsService Gaby Herbrecht, Mindelheim
Repro: Repro Ludwig, Zell am See
Kartografie: Astrid Fischer-Leitl, München
Herstellung: Ulrike Walleitner
Printed in Slovenia by Korotan

Sind Sie mit diesem Titel zufrieden? Dann würden wir uns über Ihre Weiterempfehlung freuen.
Erzählen Sie es im Freundeskreis, berichten Sie Ihrem Buchhändler, oder bewerten Sie beim Onlinekauf.
Und wenn Sie Kritik, Korrekturen, Aktualisierungen haben, freuen wir uns über Ihre Nachricht an Bruckmann Verlag, Postfach 400209, D-80702 München oder per E-Mail an lektorat@verlagshaus.de.

Unser komplettes Programm finden Sie unter

Alle Angaben dieses Werkes wurden von den Autoren sorgfältig recherchiert und auf den neuesten Stand gebracht sowie vom Verlag geprüft. Für die Richtigkeit der Angaben kann jedoch keine Haftung übernommen werden.

Die Deutsche Nationalbibliothek verzeichnet diese Publikation in der Deutschen Nationalbibliografie; detaillierte bibliografische Daten sind im Internet über http://dnb.d-nb.de abrufbar.

© 2014 Bruckmann Verlag GmbH, München

ISBN 978-3-7654-8324-0

Bildnachweis:
Alle Bilder des Innenteils sowie des Umschlags stammen von Christian Heeb, mit Ausnahme von:
Bildagentur Huber, Garmisch-Partenkrichen: S. 150/151 (Stefan Damm).
Bildagentur LOOK, München: S. 105 u. (age fotostock), 121 u. (Thomas Peter Widmann), 123 M. (Photononstop);
mauritius Images, Mittenwald: S. 6/7 (Alamy).
Karl-Heinz Raach, Freiburg: S: 12/13.
Picture Alliance, Frankfurt: S. 34 o. (Ken Gillespie), 53 o. (Russ Heinl), 92 o. (Design Pics), 92 u. (Ken Gillespie), 93 (Revierfoto), 100 (Rolf Hicker), 102/103 (Dave Reede), 170 o.l. (Kpa The British Library), 170 o.M. (akg-images), 170 o.r. (akg-images), 170 u. (Hapag-Lloyd Kreuzfahrt GmbH), 171 o.l. (Arved Fuchs Expeditionen), 171 o.r. (Kay Nietfeld), 176 (Neale Clark);
www.shutterstock.com: S. 20 o. (tacar), 33 u.l. (GoodMood Photo), 33 u.r. (Kim D. Lyman), 52 l. (Igor Kisselev), 52 r. (Andreas Gradin), 52 u. (RH IMAGE), 53 u.l. (Rolf_52), 53 u.r. (MP cz), 53 r. (Wildnerd-pix), 108 o. (bjsites), 171 u. (Anette Holmberg);
Via Rail Canada: S. 128/129 (Matthew Wheeler); 129 u.r. (Axel Mosler); 129 o.r.;
Wolfgang R. Weber, Darmstadt: S. 88 o., 164/165 (alle), 166 o.l., 166 o.r., 166/167, 167 o., 167 M.l., 167 M.r., 182 u.;

Umschlag:
Vorderseite: Moraine Lake im Banff Nationalpark, Alberta (Bildagentur Huber, Garmisch-Partenkirchen/Stefan Damm).
Rückseite: Skyline Torontos bei Nacht.
S. 2/3: »Rocher Percé« (Gelochter Fels) an der Spitze der Gaspé-Halbinsel.
S. 5: Kanadische Flagge.
S. 6/7: Herbststimmung am Yukon Highway (mauritius images/Alamy).
S. 190/191: Pacific Rim, Vancouver Island.